Gärten gestalten – Gärten genießen

Michael Breckwoldt
Jürgen Becker

Gärten gestalten
Gärten genießen

Ellert & Richter Verlag

Für meine drei Frauen
Antje, Johanna und Antonia

Inhalt

Vorwort

Wieviel Mühe und Zeit steckt man in die Planung eines Hauses – zu Recht. Doch wenn das Haus steht, ist häufig die ganze Energie erschöpft, und die Geldreserven sind es ebenfalls, so daß der Garten erst einmal stiefmütterlich mit Ablegern aus der Nachbarschaft und von Freunden bepflanzt wird. Daß dieser Teil des Grundstücks aber genauso ein Raum zum Wohnen ist wie das Haus, bedenken nur wenige. Genau darum aber geht es in diesem Buch. Auch die Gestaltung eines Gartens folgt architektonischen Regeln. Anderenfalls würden niemals räumliche Strukturen entstehen, die sich mit Pflanzen, Möbeln und vielen anderen Gegenständen einrichten lassen. Dafür gibt es in der Gartengeschichte eine lange Tradition, wie im einführenden Kapitel von der Renaissance bis zum Beginn des 20. Jahrhunderts gezeigt wird.

Als nächstes werden sieben besonders gelungene zeitgenössische Gärten vorgestellt, und die Besitzer bzw. Besitzerinnen erzählen, wie die Geschichte ihrer lebenslangen Passion angefangen hat. Mal waren es ein Duft, dann der Wunsch nach Unabhängigkeit, die Erinnerung an die Kindheit, an eine Reise, an einen wunderschönen Ausflug, unbändiger Tatendrang oder die Liebe zum Wald, die den Anstoß gaben. In jedem außergewöhnlichen Garten ist so ein Stück Biographie verwurzelt. Sie ist die Triebfeder für die Leidenschaft, die daraus erwächst. Für die Stunden, die in der Erde gebuckelt werden, für das Ertragen unzähliger Schwielen, Schrammen, Kreuzschmerzen und immer wieder unvermeidlicher Rückschläge.

Aber auch unvergleichbare Glücksgefühle beflügeln diese Leidenschaft. Endlich Schöpfer sein können und das nicht nur einmal, sondern immer wieder, jedes Jahr von neuem. Denn das, was da im Frühjahr mit Hilfe von Mutter Natur aus der Erde sprießt, hat man selbst eingegraben, und das vermittelt einem ein großartiges Gefühl von Kreativität.

Wie stellt man es an, daß alles im eigenen Garten perfekt wird? Ganz entscheidend ist, daß man Ideen sammelt. Schauen Sie sich andere phantastische Gartenanlagen an. Schreiben Sie sich aber nicht nur auf, welche Pflanzen Ihnen gut gefallen, sondern viel wichtiger: Notieren Sie, welche gestalterischen Elemente Sie ansprechen. Schärfen Sie Ihren Blick für architektonische Details. Denn diese machen die Struktur des Gartens aus. Alles andere ist nur eine Art Verkleidung, ein Makeup und damit austauschbar. Auf die räumliche Gestaltung aber kommt es an, die dem Garten zugrunde liegt. Sie läßt sich nicht mehr so leicht ändern.

Wie die einzelnen Teile eines Gartens aussehen können und welche Elemente geeignet sind, sie miteinander zu verbinden, zum Beispiel Hecken, Rankgitter, Mauern und Laubengänge, dafür geben die folgenden Kapitel jede Menge Anregungen. Das Repertoire architektonischer Mittel ist fast unerschöpflich. Sie selbst sind der Designer, der sich daraus seinen ganz persönlichen Garten zusammenstellt. Wenn Ihnen das schwerfällt, suchen Sie sich Freunde, die Lust am Gestalten haben. Betrachten Sie Ihren zukünftigen Garten wie ein Haus, in dem Sie wohnen möchten. Welche Zimmer brauchen Sie, und wie sollen sie eingerichtet werden? Das Buch zeigt Ihnen anhand vieler außergewöhnlicher Beispiele, was möglich ist. Und es macht Ihnen Mut, sich klare räumliche Strukturen zu schaffen, in denen Sie sich wohl fühlen werden. Denn erst, wenn zwischen Beerensträuchern und Blumenrabatten, zwischen Wasserspielen und Heckenwänden Räume wachsen, wächst auch das Gefühl der Geborgenheit. Das läßt uns dann nicht nur die Natur draußen stärker erleben,

sondern schafft Orte der Entspannung und bietet reichlich Raum für Geselligkeit.

Jetzt tauchen Sie ein, lassen Sie sich inspirieren, nehmen Sie sich Stift und Papier, rufen Sie, wenn nötig, Freunde an, blättern Sie hin und zurück und quer, nehmen Sie meinetwegen auch ein zweites und drittes Buch zur Hand, aber bitte beachten Sie eine fundamentale Regel des Gärtnerns: Lassen Sie sich und den Gewächsen vor allen Dingen Zeit. Dann wird der Garten zu einem Ort, an dem die Lebenslust aufblüht.

Lassen auch Sie sich bei der Anlage Ihres Gartens leiten von der Lust für Farben und Formen und von der Liebe zur Natur.

Geschichtlicher Überblick der Gartengestaltung

Die Entdeckung der Landschaft in der Renaissance

Früh am Morgen des 26. April 1336 machten sich der italienische Dichter Petrarca und sein Bruder zu einer Bergbesteigung auf. Ihr Ziel war der Mont Ventoux, die höchste Erhebung in der französischen Region Provence, aus der sein weißgrauer Kegel wie ein Wahrzeichen herausragt. Als sie nach einigen Irrwegen erschöpft den Gipfel erreicht hatten, war Petrarca überwältigt von dem „freien Rundblick". Aus den Wolken erhoben sich im Osten – „eisstarrend und schneebedeckt" – die Alpen, im Nordwesten die Cevennen, und ganz im Süden strömte das Mittelmeer mit weißen Schaumkronen in den Golf von Marseille.

Die Schönheit der Natur als etwas Überwältigendes zu erleben gehört heutzutage zu einer der unmittelbarsten und reizvollsten Erfahrungen. In unserer Freizeit suchen wir unberührte Landstriche auf, geradezu süchtig nach schöner Natur. Für Petrarca war diese Art des Vergnügens jedoch eine höchst delikate Angelegenheit. Sie war quasi verboten. Denn für das christliche Weltbild des Mittelalters zählte der „Schmuck der Welt" rein gar nichts – es sei denn, er verwies auf den göttlichen Schöpfer selbst. Pure sinnliche Entdeckerlust galt als frevelhaft. Neugier aber hatte Petrarca getrieben. Er wollte die „ungewöhnliche Höhe dieses Flecks Erde durch Augenschein" kennenlernen. Armer Dichter. Auf dem Rückweg plagten ihn daher heftige Gewissensbisse. Reumütig setzte er sich noch am gleichen Abend hin und schrieb seinem Beichtvater einen langen Brief.

Natürlich ist dieser Brief in Wirklichkeit ein literarisches Meisterwerk. Er gilt in der Literaturgeschichte als eine der frühesten Landschaftsbeschreibungen der Neuzeit. Petrarca würdigt darin eindringlich das imposante Panorama. Damit wagte er einen Blick auf die Natur, der seinen Zeitgenossen noch völlig fremd war. Diese interessierte, ob ein Wald brauchbares Holz hergab, ob der Boden fruchtbar und das Wasser reich an Fischen war. Natur erschien ihnen vielfach noch als widrige, furchteinflößende Macht, die mit Hagel, Sturm, Blitz und Donner wilde Flüche über das Land schickte. Mit der Renaissance begann dieses Weltbild jedoch zu kippen. Petrarca brachte dieses neue Verständnis der Natur schon früh zum Ausdruck.

In seiner Heimat Italien setzte sich im 15. Jahrhundert die Natur als Objekt der Kunst allgemein durch. Von einer Vereinnahmung als Kulisse rückte sie allmählich in den Vordergrund der Betrachtung. „Die Italiener sind die frühesten unter den Modernen, welche die Gestalt der Landschaft als etwas mehr oder weniger Schönes wahrgenommen und genossen haben", schreibt Jacob Burckardt in seinem berühmten Werk über die italienische Renaissance. Und so pulsierte um 1400 ein reges Leben in der weitläufigen Hügellandschaft vor den Toren der Metropole Florenz. Wem es finanziell nur irgendwie möglich war, der leistete sich neben seinem Stadtdomizil einen Acker oder einen kleineren Hof im Umland. Hier wurden Gemüse, Kräuter und Getreide angebaut. Die Menschen zogen in Eigenregie Weinreben, Oliven- und Obstbäume heran, freuten sich darüber, draußen in der Natur sein zu können und bereicherten so zugleich Küche und Vorratslager mit den wichtigsten Nahrungsmitteln. Ganz nebenbei entkamen sie für einige Zeit dem geschäftigen Stadtleben und damit auch dem Lärm und Schmutz, welche die

Enge der Gassen mit sich brachte. So sah Florenz aus der Ferne mit seinen mittelalterlichen Wehranlagen aus wie ein mächtiges Kastell, das inmitten einer prächtigen, bunten, ausufernden Stadt lag – so nahtlos war es von zahlreichen Landhäusern, Gärten und großen Landgütern umschlossen.

Die wohlhabenden Florentiner Familien schufen sich auf dem Land palastähnliche Residenzen. Dort verbrachten sie einen Großteil der Sommermonate, feierten rauschende Feste und trafen sich in gelehrten Zirkeln, um die aktuellen Strömungen des Humanismus zu diskutieren. Allein die Medici besaßen sechs herrschaftliche Villen im Umland, einige dicht an der Stadt. So konnten sie dort schnell zur Stelle sein, wenn ihre Präsenz aus wirtschaftlichen oder politischen Gründen nötig wurde. Großzügige Parkanlagen umgaben all diese Bauten, geschaffen von den besten Baumeistern der Zeit. Sie trugen zur Entstehung eines völlig neuen Gartentyps bei, der mehr dem Vergnügen als dem Nutzen diente. Auch der Architekt Leon Battista Alberti gehörte dem Kreis um Cosimo il

Einer der berühmten Medici-Gärten ist Castello, 1537 begonnen. Die Anlage ist von einer Mauer umgeben und spiegelbildlich aufgebaut. Sie setzt sich aus vielen Einzelgärten zusammen.

Vecchio, dem ersten großen Patriachen der Medici, an. Er veröffentlichte 1485 sein Werk „De Re Aedificatoria" („Zehn Bücher über die Baukunst", 1912 auf deutsch erschienen), das für die italienische Baukunst des 16. Jahrhunderts von entscheidender Bedeutung war. Richtungweisend sind seine Aussagen über die Beziehung von Natur und Architektur sowie über die von Landschaft und Bauwerk. Demnach sind Landhäuser unbedingt auf einem Hügel zu errichten. „Infolge der Höhe des Ortes" hätte man den Rundblick auf das darunterliegende Gelände und könne dem „Auge einen vollständigen heiteren Blick" darbieten, schreibt er. Während Petrarca den Ausblick, den er vom Mont Ventoux aus genossen hatte, noch mit einem schlechten Gewissen bezahlte, gehört die unverbaute Fernsicht rund 150 Jahre später schon zum gesellschaftlichen Standard. „Im Übrigen möchte ich", heißt es weiter, „daß das ganze Äußere des Gebäudes und dessen Wirkung (...) bis ins Kleinste, von allen Seiten und überall so klar und deutlich als möglich sichtbar sei; und daß es, unterm weiten Himmel liegend, dem Lichte der Sonne und der gesunden Luft ungehindert Zutritt lasse." Die Menschen des Mittelalters hatten sich noch hinter wehrhaften Mauern und Zinnen verschanzt. Jetzt ließ sich die Weltoffenheit der Renaissance auch an der Architektur ablesen.

Den Garten betrachtet Alberti ebenfalls als ein Bauwerk. Daher seien auch architektonische Grundflächen maßgeblich für das Formenrepertoire der Gartengestaltung. Auf diese Weise entstehen räumliche Ensembles, die durch Lorbeer-, Zitronen- oder Wacholderbäume geschlossen sind. Dazu werden auch die Zweige ineinander verflochten. Für die Wege sind Buchs und Myrte als Einfassung zu beiden Seiten vorgesehen, symmetrisch gepflanzte Baumreihen und Laubengänge. Zu den weiteren Elementen zählen Wasserspiele, Kübelpflanzen, Statuen und eine „Gartenhalle, in der man die Sonne und auf gleiche Weise den Schatten aufsuchen kann". Wichtig ist für Alberti auch, daß der Garten eine feste Grenze hat, zum Beispiel einen Zaun aus Haselsträuchern und Granatäpfeln, in die Rosen verflochten sind. Noch geeigneter scheint ihm allerdings eine massive Steinmauer.

Alberti führt seinen Landsleuten vor Augen, daß Haus und Garten als eine Einheit zu sehen sind. Dazu tragen Außenräume des Hauses bei wie Loggia, Portikus und umlaufende Galerien, die das Wohnfeld nach draußen, zum Garten hin öffnen. Andererseits setzt die räumliche Gliederung der Gartenanlage die Architektur unter freiem Himmel fort.

Wie das ausgesehen haben könnte, läßt sich am Garten der Villa Quaracchi ablesen, den Leon Battista Alberti für einen befreundeten florentinischen Kaufmann entworfen hatte. Ihn durchzogen drei markante Laubengänge in Längsrichtung. Dazwischen befanden sich ein Rosengarten, ein Labyrinth aus Rosen und Geißblättern sowie eine schattige Laube. Die kleineren Verbindungswege waren nach oben offen, seitlich jedoch ebenfalls mit Rankgittern versehen. Wein wuchs an ihnen empor. In den Lücken blühten weiße Rosenstöcke. Der Hausherr konnte nicht nur von einer Loggia aus seinen ganzen Garten überblicken, er genoß zudem von seinem Eßplatz aus das Schauspiel vorbeigleitender Boote auf dem nahegelegenen Arno. Denn eine schnurgerade Allee verschaffte ihm freien Ausblick. Ein Kuriosum innerhalb des Gartens waren die vielen aus immergrünem Buchsbaum geformten Skulpturen: Riesen, Zentauren, Schiffe, Galeeren, Tempel, Pfeiler, Männer, Frauen, Päpste, Kardinäle, Drachen und Tiere aller Art. Diese auf die Antike zurückgehende Tradition der Kunstgärtnerei, die sogenannte Ars topiaria, lösten in späteren Gartenanlagen steinerne Figuren und Statuen ab.

Giovanni Boccaccio liefert in seinem Novellenzyklus „Das Dekameron" eine der schönsten Beschreibungen damaligen Gartenlebens. Zehn junge Leute sind in einem Palazzo auf dem Land zu Gast. Dort entdecken sie einen hinter hohen Mauern verborgenen Park. Sie durchqueren ihn im Schatten breiter, weinbewachsener Laubengänge. Die Reben stehen gerade in voller Blüte, und ihr betörender Duft vermischt sich mit den Wohlgerüchen vieler anderer Pflanzen. Auch Rosen und Jasmin säumen die Wege. In der Mitte des Gartens kommen die Besucher an eine Blumenwiese, die von Zitronen- und Orangenbäumen umgeben ist. Einige blühen, andere tragen reichlich Früchte. In der Mitte sprudelt ein großer Brunnen, dessen gewaltige Wasserfontäne klatschend in ein verziertes, weißes Marmorbecken zurückfällt. Gut gelaunt ziehen die Jugendlichen weiter und binden sich aus Zweigen bunte Girlanden. Plötzlich entdecken sie einen neuen Platz. Dort tummeln sich Hasen, Kaninchen, Rehe und Hirsche – fast alle handzahm. „Schließlich ließen sie in der Nähe des schönen Springbrunnens die Tische decken und begannen, nachdem sie sechs Lieder gesungen und einige Reigen getanzt hatten, zu speisen. Bei Tisch wurden sie aufmerksam und ruhig mit köstlichen, ausgesuchten Speisen bedient; danach erhoben sie sich in heiterster Laune, um sich weiterhin mit Musik, Gesang und Tanz zu vergnügen." Boccaccio hatte für diese Episode einen realen Garten vor Augen: die herrschaftliche Anlage der Villa Palmieri, zwischen Fiesole und Florenz. Heute erinnert dort kaum noch etwas an den alten Renaissancepark. Ein anschauliches Beispiel ist jedoch der Garten der Villa Gamberaia, der nicht weit entfernt, rund 10 Kilometer östlich von Florenz am Ende der Ortschaft Settignano, liegt.

Der Garten ist berühmt für seine gelungene Restaurierung. Sie läßt einen Gartenstil wieder lebendig werden, der vor rund 500 Jahren in der Toskana weit verbreitet war. Die Villa thront auf einer großen terrassierten Fläche, die den olivenbewachsenen Hängen abgewonnen wurde. In der Ferne, im breiten Tal des Arno, erhebt sich die markante Kuppel von Santa Maria del Fiore, dem Florenzer Dom, aus einem Meer roter Ziegeldächer. Wie ein Gebäude setzt der Garten sich aus sieben Räumen zusammen und nutzt zugleich auf bemerkenswerte Weise die Topographie vor Ort. So erstreckt sich hinter der Villa quer zum Hang wie ein Korridor eine rund 220 Meter lange und kaum zehn Meter breite Rasenbahn. Von ihr zweigen alle weiteren Räume ab. Im Norden mündet die Achse in eine Grotte mit Springbrunnen, dem sogenannten Nymphaeum. Dazu gehört ein runder Platz, den eine kleine Mauer mit Sitznischen umgibt. Hier wurde früher unter freiem Himmel Theater gespielt, musiziert und getanzt. Vier weitere Gärten, sie liegen hinter einer hohen Mauer, sind nur durch schmale Tore zugänglich: Ein kleines Freiluft-

Der Garten der Villa Gamberaia ist berühmt für seine gelungene Restaurierung. An ihm lassen sich wesentliche Bestandteile italienischer Renaissancegärten ablesen. Das repräsentative Parterre liegt jedoch nicht vor der Hauptfassade der Villa, da das Grundstück recht schmal ist. Es ist von der Loggia aus gut zu überblicken.

Eine zentrale Achse teilt das Parterre im Garten der Villa Gamberaia in zwei symmetrische Hälften. Sie endet mit einem Wasserbecken, das von einer halbkreisförmigen Heckenarchitektur umschlossen wird. Links von dem Parterre, hinter den aufgereihten Zitronenbäumen, verläuft ein langer schmaler Rasenkorridor.

In die geometrisch geformten Buchshecken sind stellenweise Zitronenbäume eingelassen. Sie stehen in Töpfen, weil die Pflanzen den Winter draußen nicht unbeschadet überstehen würden und zum Ende der Saison eingeräumt werden müssen.

Kabinett, dessen Steinwände Muscheln und Mosaiken verzieren, ist von der Villa aus mit wenigen Schritten zu erreichen. Hier hinein flüchtete sich, wer Ruhe haben wollte. Ursprünglich sorgte ein Springbrunnen zusätzlich für eine kühle, erholsame Atmosphäre. Darüber, auf einer sonnigen Terrasse, befindet sich, nur über eine Treppe zu erreichen, der Zitronengarten samt Orangerie. Solche Teile waren gewöhnlich immer auch Nutzgärten, die die Küche mit selbstgezogenem Gemüse, frischem Obst und aromatischen Kräutern zu versorgen hatte. Auch jetzt noch erinnern Frühbeetkästen daran, daß hier Pflanzen vorgezogen werden können. In erster Linie aber stehen hier auf vier Rasenkarrees verteilt Citrusbäume im Kübel. Bis heute sind Villenbesitzer stolz darauf, wenn sie eine beachtenswerte Sammlung von ihnen vorweisen können. Der leichteren Pflege wegen werden die Bäume in Kübeln gezogen. So lassen sie sich im Garten arrangieren, austauschen, wenn sie nicht ordentlich gedeihen, und vorsorglich in ein Winterquartier abtransportieren.

Zwei Steineichenwäldchen schließen die Räume hinter der großen Mauer nach Norden und Süden hin ab. Tritt man aus dem Schatten des südlichen Wäldchens durch das Mauertor heraus und überquert die Rasenbahn, dann breitet sich das große Parterre prachtvoll vor einem aus. Dieses repräsentative Schmuckstück hat für den Garten etwa den gleichen Stellenwert wie ein Wohnzimmer für das Haus. Aufgrund des schmalen Grundstücks grenzt es südlich an die Villa. Eine zentrale Achse teilt zwei symmetrische Hälften ab. In den vier rechteckigen Wasserbecken, gerahmt von sorgfältig beschnittenen Buchshecken, spiegelt sich der Himmel. Das Zentrum des Achsenkreuzes bildet ein Rondell mit Springbrunnen. Den Abschluß markiert ein halbrunder Seerosenteich. Ihn umschließt eine gut acht Meter hohe, zweireihige Zypressenhecke wie eine Mauer. Das Gebilde wird seiner halbkreisförmigen Grundform wegen Exedra genannt. Es ist mittlerweile in vielen Gärten weltweit kopiert worden. In der mächtigen Hecke kann man wie unter einem Laubengang wandeln. Durch einige ihrer bogenförmigen Öffnungen blickt man weit in die von Zypressen und Olivenhainen geprägte Landschaft der Toskana.

Die Unterwerfung der Landschaft im Barock

Die Gärten der Renaissance kokettierten mit der sie umgebenden Landschaft. Häufig lag sie ihnen ohnehin zu Füßen. Falls nötig, ermöglichten Schneisen oder fensterähnliche Öffnungen den Ausblick in die Ferne. Denn den wißbegierigen und weltoffenen Menschen ging es damals in erster Linie um die schöne Aussicht. Für sie war die Natur – anders als im Mittelalter – hell und freundlich geworden. Andererseits sahen die Planungen aber immer noch eine deutliche Abgrenzung der Gärten vor. Sie waren „ein von einer Mauer umgebener Ort, eng mit dem Gebäude verbunden, wie eine zivilisierte Insel inmitten des feindlichen Chaos“, schreibt der französische Gartenhistoriker Pierre-André Lablaude.
Das änderte sich grundlegend im Barock. Dort ergriff der Garten Besitz von der Landschaft, unterwarf sie seinem ordnenden Prinzip. Das imposanteste Beispiel dafür ist der Park von Versailles, zwischen 1661 und 1700 maßgeblich unter dem Gartenarchitekten André Le Nôtre entstanden. Das System seiner Wege verbreitet sich wie ein großes Spinnennetz über das ganze Land. Es beginnt am Schloß mit einer fast zehn Kilometer langen Hauptachse. Parallel und senkrecht dazu verlaufen diverse Nebenachsen. Zunächst entfaltet sich ein rechtwinkliges Raster, das später sternförmig auffächert und sich im Horizont verliert. Aus den breiten, gepflegten Wegen und Alleen des Gartens werden Reitwege,

schließlich Waldwege und am Ende Landstraßen. So ist die Macht des Königs zumindest symbolisch in seinem ganzen Reich präsent. „Der Garten ist in diesem Sinn ein Ordnungsprinzip für die Kultur, die Zivilisation und die Staatsmacht. Er erreichtet eine neue Beziehung zwischen Mensch und Natur", so der Gartenhistoriker Lablaude.

Typisch für den Barockgarten sind das Streben nach dieser fast unmenschlichen Perfektion und der Wille, die Natur zu beherrschen. Das drückt sich vor allem in einem gnadenlosen Formschnitt aus, der Pflanzen zu mächtigen, hundert Meter langen Mauern machte oder sie in die verspieltesten Figuren zwang. Ein neues Gestaltungselement sind künstliche Kanäle als Teile des sorgsam ausbalancierten Achsengerüstes eines jeden Parks. Der große Kanal in Versailles hatte die Dimension eines kleinen Binnenmeeres. Auf ihm verkehrten unter anderem Galeeren, goldene Gondeln und ein Kriegsschiff in Miniaturausführung, auf dem der König selbst mitsegelte.

Während die Parterres, jene flachen Musterbeete, der Hofgesellschaft als überschaubare Flaniermeilen dienten, gaben die Bosketts nach außen rein gar nichts preis. Diese waldartigen Gebilde waren von hohen Pflanzenwänden umschlossen und nur durch torähnliche Öffnungen im Laubwerk zugänglich. Erst wenn man sie betrat, offenbarten sie ihr oft prunkvolles Innenleben: vergoldetes Schmiedeeisen, verschiedenfarbiger Marmor, antike Pavillons, orientalische Baldachine, kunstvolle Wasserspiele und häufig eine monumentale Architektur aus Rankgerüsten und Spalieren, sogenannten Treillagen. Die Bosketts waren Säle im Freien, vergleichbar mit denen des Schlosses und wie diese aufwendig gestaltet. Man suchte sie auf, um der Sommerhitze oder großen Gesellschaften zu entfliehen. In Nischen konnte man ungestört Gespräche führen, vor sich hin träumen oder mit der Angebeteten Zärtlichkeiten austauschen. Teils erwartete die Besucher dort auch effektvolle Unterhaltung. Die Dekoration erinnerte nicht selten an die Art,

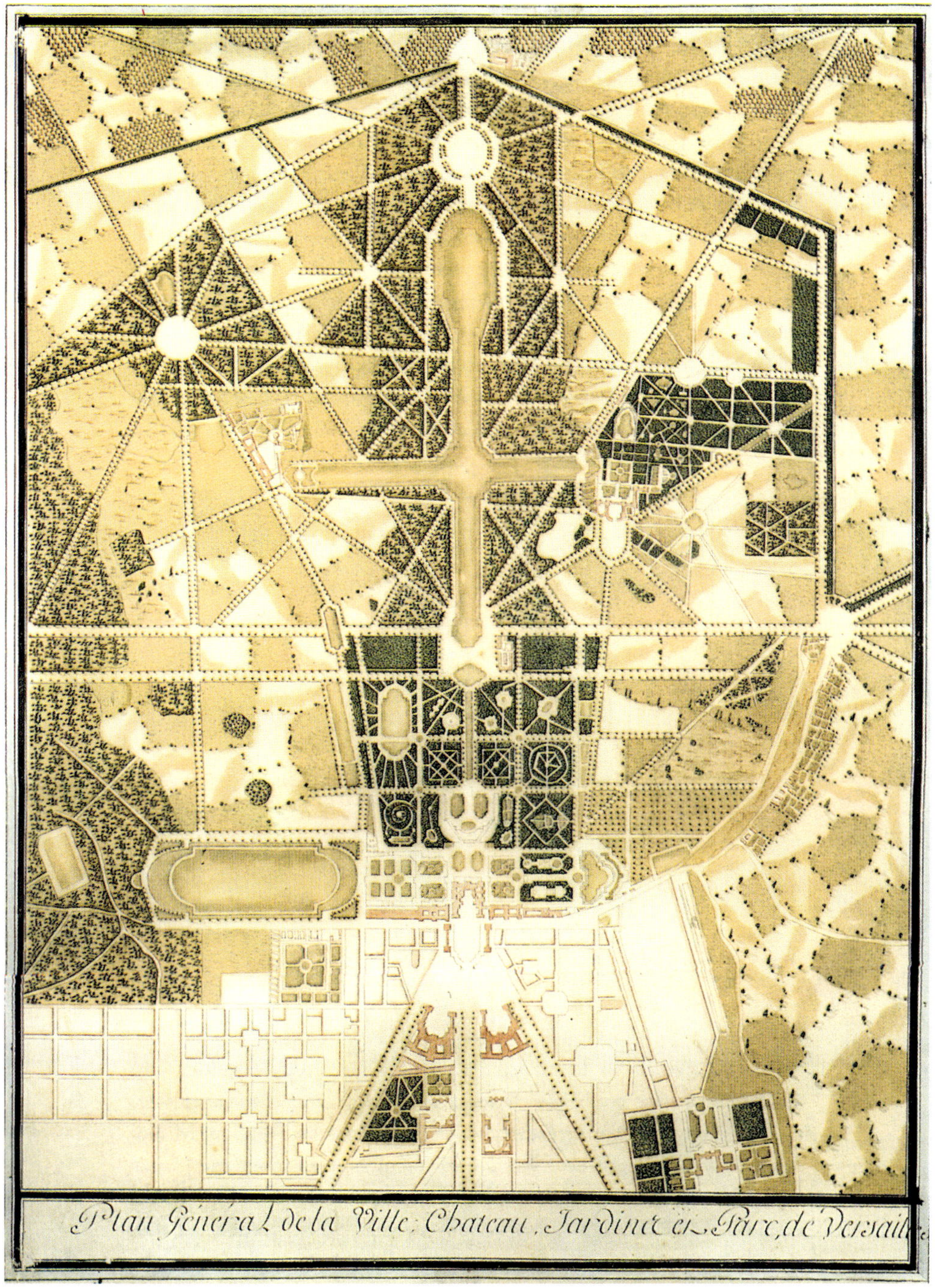

Der Gesamtplan von Versailles zeigt, daß der von André Le Nôtre angelegte barocke Park sich in die Landschaft hinein fortsetzt.

Das „Bosquet du Théâtre d'eau", das Wassertheater, ist einer der vielen unterhaltsamen Gartenräume im Park von Versailles. Es begeistert vor allem durch seine unzähligen Wassereffekte.

nach der Bühnenbilder von Opern gestalten wurden. Die Wasserspiele waren so erfindungsreich, das man Stunden dort verweilen und den immer wieder wechselnden Kaskaden und springenden Wasserstrahlen zuschauen konnte.

Die Versorgung der Hofgesellschaft mit frischen Lebensmitteln stellte in Versailles ein neun Hektar großer Küchengarten, ein sogenannter Potager, sicher. Ab 1685 waren große Flachgläser verfügbar. Bald darauf konnte in mit Holz beheizten Glashäusern Frühgemüse herangezogen werden. Der König war zufrieden: Jetzt bekam er knackigen Kopfsalat schon im Januar und im März Spargel und Erdbeeren. Ab Juni folgten Feigen, Melonen und eine ganze Palette süßer Tafelfrüchte. Möglich machte das alles sein Küchengärtner Jean-Baptiste de La Quintinie. Er ließ hohe Mauern um die Nutzgärten bauen, wärmte die Böden im Frühjahr mit Pferdemist an und entwickelte Schnittechniken, um Obstbäume unmittelbar im Windschatten der Mauern ziehen zu können. Für die rund 700 Feigenbäume entwarf er spezielle Holzkästen als Winterschutz.

Rund 150 Jahre früher, lange vor der Selbstherrlichkeit der Barockzeit, entstanden die Schloß- und Gartenanlagen von Villandry – ein Bau noch ganz im Stil der französischen Renaissance, rund 15 Kilometer westlich von Tours gelegen. Es soll hier nur der Küchengarten interessieren, der anders als in Versailles nicht darauf aus war, alle technischen Raffinessen auszuschöpfen, um eine große Nutzpflanzenvielfalt möglichst rund um das Jahr zu kultivieren. In Villandry richtete sich das ganze Augenmerk auf die Schönheit der Gemüsebeete. Sie sind heute wieder zu bewundern, denn Joachim Carvallo, Urgroßvater des jetzigen Besitzers, sah seine Lebensaufgabe darin, die Anlagen originalgetreu zu rekonstruieren. Er nahm sich dafür Musterpläne des späten 16. Jahrhunderts zum Vorbild. Nun gliedern neun Karrees den quadratischen, etwa 12 500 Quadratmeter großen Gemüsegarten, alle gleichmäßig geformt, mit jeweils einem Brunnen im Zentrum und mit niedrigen Spalieren sowie Apfel- und Birnenbäumchen parallel zu den Hauptwegen. Jedes Karree weist jedoch ein anderes Muster auf. Es entsteht durch die Anordnung der einzelnen Beete, die von Buchshecken gesäumt und durch helle Sandwege getrennt werden. Von oben sieht alles wie ein streng formales Mosaik aus, das in den unterschiedlichsten Grüntönen schillert. Denn die Flächen sind mindestens zu Dreiviertel mit Gemüse gefüllt. Stumpfes Violettgrün signalisiert: Hier wurde mit Rotkohl „ausgemalt". Frisch hellgrün leuchten die Felder mit Stielmangold und graugrün diejenigen mit Toskanischem

Im Nutzgarten des Schlosses Villandry wird Gemüse zu einem dekorativen Gestaltungsmittel. Die Karrees werden jedes Jahr anders bepflanzt, wobei eine strenge Fruchtfolge eingehalten wird.

Palmkohl. Ein schmaler Saum farbiger Sommerblumen rahmt jedes Karree. Zweimal jährlich wird die Bepflanzung erneuert. Nach dem typischen Frühjahrsgemüse wie Radieschen, Erbsen, Bohnen und Eichblattsalaten folgen im Sommer Mangold, Kürbisse, Tomaten, Karotten, Paprika, Lauch und die verschiedenen Kohlarten. Ausdauernde Arten wie Artischocken, Erdbeeren und Schnittlauch bleiben mehrere Jahre an gleicher Stelle. Jedes Jahr entsteht ein neuer Anbauplan, der eine sinnvolle Fruchtfolge berücksichtigt. Der Schloßherr, seine Familie und die zahlreichen Mitarbeiter verspeisen die Ernten. Das Beispiel Villandry hat in Frankreich zu einem Boom kleiner privater Küchengärten geführt.

Die Nachahmung der Landschaft in der Klassik

Vor allem an der Allmacht des absolutistischen Hofes entzündete sich die Kritik des Bürgertums. Und das Bürgertum stellte die zukünftige Macht dar. Es wurde durch die wachsende Bedeutung des Handels gestärkt. Sprachrohr des erwachenden bürgerlichen Selbstbewußtseins waren Schriftsteller und Philosophen. 1710 formulierte der Engländer Joseph Addison, Herausgeber der moralischen Wochenschrift „The Spectator", seine Kritik an dem königlichen Park von Hampton Court, einem britischen Gegenstück zu Versailles, in Form eines Traumes: Das Paradies erscheine ihm dort als das Reich der Göttin der Freiheit, in dem jede Blume ihrer individuel-

Der Grundriß des Parks von Wörlitz zeigt, daß sich die großen Gärten im 18. Jahrhundert die Landschaft zum Vorbild genommen haben.

len Schönheit gemäß blühen durfte, „ohne in regelmäßige Begrenzungen oder Parterres eingepfercht zu sein". An anderer Stelle beklagte er: „Unsere Bäume erheben sich als Kegel, Kugel und Pyramiden. Wir sehen die Spuren der Schere an jeder Pflanze, jedem Busch." Und fährt fort: „Ich muß gestehen, daß ich lieber einen Baum in all seiner schwelgerischen Wildheit sehe, als wenn er in eine mathematische Figur gehackt und geschnitten ist." So gerät der barocke Park als Symbol feudaler Herrschaft mit dem Streben des Bürgertums nach Freiheit zunehmend in die Kritik.

In England entwickelten sich daraufhin die sogenannten Landschaftsgärten. In ihnen war Natur nicht länger dem Diktat der Schere und des rechten Winkels unterworfen. Bäume und Sträucher durften sich frei entfalten. Darin artikulierte sich zugleich ein Programm, das auf eine freie Gesellschaftsordnung und auf Selbstbestimmung abzielte.

Die Anfänge des Landschaftsgartens in Deutschland und einer Gartenbegeisterung, die gut fünfzig Jahre lang anhielt, sind etwa auf das Ende des Siebenjährigen Kriegs (1763) zu datieren. Mit der Anlage von Wörlitz, einem der bedeutendsten Landschaftsparks des europäischen Festlands, wurde 1764 begonnen. Zwei Jahre später begann die Landgräfin Caroline von Hessen Darmstadt, ebenfalls von den neuen Strömungen beeinflußt, den Darmstädter Herrengarten landschaftlich umzugestalten. Am Rande ihres Hofes schlossen sich etwa zehn junge Leute, darunter die Schriftsteller Heinrich Merck, Johann Gottlieb Herder und Johann Wolfgang von Goethe sowie die Schriftstellerin Sophie von La Roche, zu einem literaturbegeisterten Freundschaftsbund zusammen, dem sogenannten „Darmstädter Kreis der Empfindsamen". Man kultivierte einen schwärmerischen Umgang mit der Natur, „wanderte an schönen Tagen Arm in Arm, eng aneinandergeschmiegt, mit Blumen geschmückt durch Wald und Feld, oft bei Sternengefunkel und im Scheine des Mondes", wie der Literaturwissenschaftler Siegmar Gerndt schreibt. Hin und wieder wurden sogar die Bäume umarmt und geküßt. Ein Teil dieser Stimmungen floß in Goethes überschwengliche Naturschilderungen seines Romans „Die Leiden des jungen Werther". Auch hier scheint er die Natur gleichsam umarmen zu wollen: „Wenn das liebe Tal um mich dampft, und die hohe Sonne an der Oberfläche der undurchdringlichen Finsternis meines Waldes ruht, und nur einzelne Strahlen sich in das innere Heiligtum stehlen, ich dann im hohen Grase am fallenden Bache liege, und näher an der Erde tausend mannigfaltige Gräschen mir merkwürdig werden".

Wie man sieht, entwickelten die Menschen damals ein sehr emotionales Naturverhältnis. Darauf griffen auch die Programme des Landschaftsgartens zurück. Er solle Phantasie und Empfindungen des Betrachters stärker erregen, als eine bloß natürliche Landschaft das vermag, forderte Christian Cay Lorenz Hirschfeld, die unangefochtene Autorität in Fragen der Gartengestaltung. Diesen Rang hatte er sich durch seine seit 1773 verfaßten Schriften zur Gartenkultur, insbesondere die fünfbändige „Theorie der Gartenkunst" (1779–1785), erworben. Für ihn waren „die Gegenstände der Gärten" gleichzusetzen mit denen der schönen Natur. Unterschiedliche Naturlandschaften galten als Vorbild: Die Natur „hat Gegenden, die bald zur lebhaften Freude, bald zur ruhigen Ergötzung, bald zur sanften Melancholie, bald zur Ehrfurcht, Bewunderung und einer feierlichen Erhebung der Seele" einladen, schreibt Hirschfeld. Aus diesen Eindrücken sollte der „Gartenkünstler" Szenen unterschiedlicher Gefühlsqualität komponieren und sie dann auf den Garten übertragen. Hirschfeld stellte dafür ein großes Instrumentarium zur Verfügung. Er sortierte Bäume und Sträucher danach, ob sie eher heitere Stimmung ausstrahlen oder melancholisch wirken, wie zum Beispiel Lärchen und Trauerweiden, deren Zweige herabhängen. Er unterschied die Erscheinungsformen und Klangfarben des Wassers. Sein „helles Rieseln und spielendes Gekräusel verbreitet Munterkeit; schneller Lauf und hüp-

Teegesellschaft im Herrengarten der Landgräfin Caroline von Hessen Darmstadt. Im Hintergrund steht die Eremitage des Landschaftsparks. Im Sommer zog die Landgräfin sich gerne hierher zurück.

fende Fälle Freude. Reißende Geschwindigkeit und schäumendes Fortjagen erregen den Begriff von Stärke." Fließt es jedoch „unter einer Überschattung langsam dahin, so hat es das Ansehen des Ernstes und des Trübsinns". Gartengestalter waren angehalten, eine dramaturgische Szenenfolge zu entwerfen. Die Parkbesucher sollten dieser auf einer festgelegten Route folgen und die unterschiedlichen Stimmungen auf sich wirken lassen. Um das noch zu verstärken, wurden künstliche Bauten hinzugefügt, zum Beispiel antike Tempel und Götterhallen, chinesische Pagoden, Pyramiden, Grabstätten, mittelalterliche Burgruinen, Borkenhäuschen und Höhlen, in denen Eremiten hausten, und ein Mini-Vesuv, der richtig Feuer spucken konnte.

Die Wege verliefen in sich schlängelnden Linien. Dadurch ließen sich die pittoresken Effekte, die sich meist hinter Kurven verbargen,

Goethe erwarb sein Weimarer Stadthaus am Frauenplan 1794. Dazu gehörte ein für die damalige Zeit typischer Bürgergarten, der wie die Gärten der Bauern Gemüse und Blumen in sich barg.

überraschend in Szene setzen. Gartengrenzen spielten keine Rolle mehr. Der Park sollte vielmehr zu einem Teil der Landschaft werden, diese sogar bewußt in die Parklandschaft einbeziehen. Freigehaltene Schneisen stellten Sichtbeziehungen zu Dörfern, Kirchen, Burgen und anderen landschaftlich schönen Aspekten außerhalb des Gartens her.

Im Prinzip wollte der Landschaftsgarten Natur nachahmen. Schließlich setzte er sich aber doch aus einem Ensemble von Räumen zusammen. Anders jedoch als ein architektonisch strukturierter Renaissancegarten oder der gerasterte Barockpark mit seinen Gartensälen gestaltet der Landschaftsgarten eine bewußte Abfolge räumlicher Inszenierungen, die vielfach nach den Regeln der Landschaftsmaler komponiert waren.

Die nach der neuen Mode angelegten Parks faszinierten die Menschen dermaßen, daß viele Bürger ihre Hausgärtchen, die ursprünglich zur Anzucht von Gemüse, Obst und Blumen gedacht waren, zu Landschaften umgestalten wollten. Die Auswüchse beschrieb Heinrich Merck in der Satire „Das englische Gärtgen“: Da wurden auf das Kohlstück „einige Tausend Fuder Sand, Steine und Lehmen“ gekippt, um Hügel, Täler und „unzählige krumme Wege“ anzulegen. Auf die Bleiche „kommt ein allerliebster kleiner gotischer Dom“ und auch ein „chinesisches Kanapee“ ist vorhanden. „Kurz, Ihr gutes Gärtgen, liebe Großmama, gleicht jetzt einer bezauberten Insel, worauf man alles findet, was man nicht darauf suchet, und von dem, was man darauf suchet, nichts findet“, schreibt die Enkelin und bittet zum Schluß, doch beim nächsten Besuch etwas weißen Kohl aus der Stadt mitzubringen, „denn wir haben hier keinen Platz mehr dafür“.

Auch Goethe spielt in seinem Stück „Triumph der Empfindsamkeit“ ironisch mit dem Inventar des Landschaftsgartens. Scheinbar gehörte es dazu, sich von dieser Mode zu distanzieren, als sie allzu groteske Formen annahm. Andererseits verspürte der junge Dichter selbst einen leidenschaftlichen Drang zu gärtnern. Da war er gerade erst 26 Jahre alt und im Begriff, sich auf eigenem Grundbesitz in Weimar niederzulassen. Und noch bevor das baufällige Gartenhaus, das er dort 1776 erworben hatte, instand gesetzt war, stürzte er sich schon in die ersten Gartenarbeiten. Einige Fuder frischer Mutterboden wurden gebracht, planiert und in Beete unterteilt; Wege wurden gebaut und Blumenrabatten angelegt. Und trotz aller ironischer Distanz hatte auch Goethe bald einen „englischen Garten“ am Hang oberhalb des Hauses mit Schlängelwegen, Nischen, Sitzplätzen und einer parkartigen Bepflanzung. Unmittelbar an das Haus schloß sich der Nutzgarten an, ganz konventionell: Die Beete waren regelmäßig untergliedert und konnten von einem geraden, breiten Mittelweg aus beackert werden. Hier erntete Goethe die vielen kleinen Überraschungen, die er seiner Freundin

Charlotte von Stein zukommen ließ. Veilchen, Aurikel, Rosen, Erdbeeren, Spargel, Pfirsiche schickte er ihr zusammen mit neckischen Briefchen oder auch ganz prosaischen Nachrichten: „Mit beschmierten Baumwachsfingern fahr ich fort. Ich habe meine Bäume versorgt, und die Räuber abgedrückt! Diese Heilung heischten sie schon Monate her und ich ging immer vorbey."

Nach sechs Jahren zog Goethe nach Weimar in ein geräumiges Stadthaus am Frauenplan, das 1794 sein Eigentum wurde. Der Garten, im Stil eines Bauerngartens mit gleichmäßigen, buchsgesäumten Wegen und kleinem Mittelrondell angelegt, bekam hier für ihn einen neuen Stellenwert. Naturwissenschaftliche Studien traten an die Stelle reiner Gartenliebhaberei. So wurden die Beete in den ersten Jahren zu botanischen Versuchsfeldern. In den darauffolgenden Jahren nahmen Goethes spätere Frau, Christiane Vulpius, und der gemeinsame Sohn August den Garten ganz unter ihre Fittiche. Sie pflanzten wieder Gemüse, Kräuter, Obst und Blumen an. Goethe war jetzt viel auf Reisen. Seine Familie blieb in Weimar, lebte im Stadthaus und genoß es, viel draußen zu sein: „Ich befinde mich nicht besser als zu Hause, im Garten bei meinem Bübchen", schrieb Christiane. Goethe entdeckte unterwegs viele neue und kuriose Pflanzen, die er nach Hause sandte, zum Beispiel die um 1800 in Mode kommenden Nelken. „Du erhältst einen ganzen Kasten voll köstliche, gefüllte Federnelken. Lasse sie nicht zu nahe aneinander pflanzen, denn sie bestocken sich sehr", schrieb er dazu. Zwischen den Eheleuten fand eine lebhafte Korrespondenz statt, in der es viel um Gartendinge ging. Angefangen mit den „schönsten, gefüllten Tulipanen", die die Rabatten früh im Jahr schmückten, über Mangoldsaat, die noch rechtzeitig in die Erde gebracht werden mußte, bis zu den Schnecken, die „beinahe alles aufgefressen" hatten.

Die Rotunde, ein intimer Gartenraum mit einem kleinen Teich in der Mitte, bildet im Hestercombe Garden im englischen Somerset den Schnittpunkt zwischen großem Senkgarten und einer höher gelegenen Gartenachse. Die Treppe überwuchern die Triebe der Riesen-Wolfsmilch (*Euphorbia characias* ssp. *wulfenii*), die in unseren Breiten nur bedingt winterhart ist.

In seinen letzten Lebensjahren schrieb Goethe den schönen Satz: „Je älter ich werde, je mehr vertraue ich auf das Gesetz, wonach die Rose und die Lilie blüht." Da hatte er sich selbst schon wieder stärker praktischen Gartenfragen zugewandt. Am 26. Februar 1832, nur einen Monat vor seinem Tod, diktierte der 83jährige noch eine detaillierte Aufstellung, was in seinen Gärten zu tun war. Die Ausführung hat er nicht mehr erlebt.

Der Garten als Wohnraum

Die Wende zum 19. Jahrhundert wurde wiederum durch einen grundlegenden Wertewandel geprägt, der sich auch in der Gartenkunst bemerkbar machte. Arbeiterfamilien, die in engen, lichtarmen Mietskasernen lebten, suchten keine kontemplative Entspannung in idealisierten Landschaften. Sofern diese herrschaftlichen Parks überhaupt ohne Umstände erreichbar waren, durften dort häufig nicht einmal die Rasenflächen betreten werden. Die Menschen brauchten jedoch stadtnahe Grünanlagen, in denen sie in ihrer knappen Freizeit Sport treiben und mit Freunden picknicken konnten.

Darüber hinaus galten Landschaftsgärten einer jungen Avantgarde formal ohnehin als überkommen. Geschlängelte Wege standen für eine erstarrte Tradition, in der noch das Gedankengut eines Hirschfeld weiterlebte. Vor dem Hintergrund zunehmender Verstädterung war dafür immer weniger Platz. „Läßt sich die Illusion einer freien Landschaft auf engem Raum zwischen großartiger Architektur nicht erreichen, so ist das stilistisch Gegebene der streng architektonische Raum", hieß es programmatisch bei dem Kunsthistoriker Alfred Lichtwark. Sein Mitstreiter, der Schriftsteller Ferdinand Avenarius, verspottete die häufig schablonenhafte, geschwungene Wegeführung als „Brezel", weil sie ihr so ähnlich sah. Daraufhin hießen sie „Brezelwege".

Zündstoff bekam die Diskussion, da man in England, dem Mutterland des Landschaftsgartens, inzwischen zu formaler Gestaltung zurückgekehrt war. Der Architekt Hermann Muthesius machte das in Deutschland vor allem durch sein 1904 erschienenes Buch „Das Englische Haus" publik. Dort hieß es: „Die Gartenumgebung des Hauses bildet man nicht mehr in Nachahmung der Zufälligkeiten und der Wildnis der Natur, sondern man legt sie geordnet und regelmäßig an." Niedrige Mauern und beschnittenen Hecken grenzen jetzt deutlich einzelne Bereiche ein. Der Garten wurde gesehen als „eine Fortsetzung der Räume des Hauses, gewissermaßen eine Reihe einzelner Außenräume, von denen jeder in sich geschlossen eine gesonderte Bestimmung erfüllt". So befand sich ein Gemüsegarten mit Kräutern meist in der Nähe von Küche und Wirtschafträumen, vom gemütlichen Wohnzimmer aus konnte man auf einen idyllischen Blumengarten blicken, und dem Schlafzimmer war ein eher kleiner, intimer Gartenraum zugeordnet. Darüber hinaus gab es Rasenflächen zum Spielen, sogenannte Bowling Greens, Tennisplatz, Heckengänge, Lauben und spezielle Gartenteile für Rosen, Lilien, Wildpflanzen und Blumen der Shakespeare-Zeit.

Beispiel einer solchen englischen Anlage ist Hestercombe Garden im englischen Somerset, etwa vier Kilometer nördlich von Taunton. Sie wurde 1904 von der Gestalterin Gertrude Jekyll zusammen mit dem Architekten Edwin Lutyens entworfen. In Anlehnung an italienische Renaissancegärten erstreckt sich unterhalb der Südterrasse des Hauses ein quadratisches Parterre. Es ist als ein Senkgarten konzipiert und von vier Seiten aus über breite Rasenwege zugänglich, die kreuzförmig aufeinander zulaufen. Südlich davon schließt eine etwa 60 Meter lange Pergola aus Steinpfeilern und Holzbohlen diesen Gartenteil zur Landschaft hin ab. Zwei Seitenterrassen werden von schmalen Wasserrinnen durchschnitten. Sie sind mit weißen Iris, Wasservergißmeinicht und Froschlöffel bepflanzt und münden in eckige Wasserbecken. Oberhalb der westlichen Terrasse folgt ein formaler Rosengarten. Eine Rotunde mit Wasserbecken betritt man von der östlichen Terrasse aus. Sie ist das Gelenk zu einer noch höher gelegenen, etwa 115 Grad abgewinkelten Gartenachse. Auf ihr liegt eine Orangerie, von der man auf einen ausgedehnten Krocketrasen gelangt. Und sie endet im sogannten „Dutch Garden", der in einem Raster von Rosen, Lavendel, Rosmarin, Wollziest und Yuccas bepflanzt ist.

Eckige, graphische Formen wurden also wieder modern. Dafür lieferten auch die Bauerngärten in Deutschland Vorbilder, wie Alfred Lichtwark im Aufsatz „Makartbouquet und Blumenstrauß" schrieb: „Wie das gemütlich aussieht, diese geraden Wege und buchsgefaßten Beete,

diese geschorenen Hecken und der große Würfel der Laube und diese klassische Verbindung von Blumen- und Gemüsegarten." Für den Hamburger Kunsthistoriker konnte der Beginn einer neuen Gartenära beim Bauerngarten ansetzen. Im Gegensatz zu den diversen von Architekten entworfenen Schaugärten, die seit 1904 auf Gartenbauaustellungen neue Maßstäbe setzten, stellen die Bauerngärten blühende Pflanzen in den Vordergrund. Die hatten auch für Gertrude Jekyll in ihren Planungen einen hohen Stellenwert. Und die Engländerin perfektionierte den Umgang mit Blütenfarben, indem sie die Kompositionsregeln der Malerei auf ihre bis ins Detail ausgefeilten Bepflanzungspläne anwandte.

In Frankreich nahm der Maler Claude Monet 1883 einen Bauerngarten in Besitz, den er mit dem dazugehörenden alten Landhaus für sich und seine achtköpfige Familie als neues Domizil auserkoren hatte. Von der Gestalt des Gartens

Vor dem Wohnhaus Monets in Giverny locken im Sommer farbenprächtige Blumenbeete. Den Hauptweg überspannen grüne Metallbögen mit üppig blühenden Kletterrosen.

übernahm er einige grundlegende Strukturen, so den Hauptweg als Mittelachse. Ihn flankierten geometrisch geformte Blumenbeete. Allerdings vermied Monet eine allzu strenge Symmetrie. Er ließ Rasen- und Blumenbeete einander abwechseln und achtete auf farblich harmonische Blütenfolgen. Vor allem mußten viele Obstbäume weichen, um blühenden Gewächsen Platz zu machen. Ein Küchengarten wurde neu auf einem nahe gelegenen, ummauerten Grundstück geschaffen.

Monets Garten, Beispiel eines Künstlergartens, von denen es zu jener Zeit viele gab, ist heute wieder in nahezu originalgetreuem Zustand zu besichtigen (in Giverny, vier Kilometer östlich von Vernon). Vor dem rosa getünchten Wohnhaus locken im Sommer farbenprächtige Blumenbeete. Den Hauptweg, über den orangefarbene Kapuzinerkresse kriecht, überspannen grüne Metallbögen mit üppig blühenden Kletterrosen. Parallel dazu verlaufen schmale, lange Beete mit vielen Sommerblumen und Stauden, vor allem Iris, Phlox, Mohn und einer Menge Rosen. „Mein Garten ist ein langsam werdendes Werk, an dem ich mit Liebe arbeite. Und ich gebe offen zu, daß ich stolz darauf bin“, so Monet.

Er „hat diesen Garten allmählich wie ein Gemälde gebildet, als Rückhalt für ein malerisches Programm vor der Natur, das ihm allerdings kaum großer Vorüberlegungen oder Worte darüber bedurfte“, urteilt der Kunsthistoriker Bernd Küster. Monet handelte immer vorwiegend intuitiv, malend wie gärtnernd. Sein Garten diente ihm dabei als großes Freilichtatelier, in dem er den Stimmungen von Licht und Farben nachspürte. Später kam ein Wassergarten hinzu, den sich der Maler schon lange gewünscht hatte. Er lag dem Hausgarten gegenüber auf einem Grundstück mit Bach. Hier entstanden die berühmten Seerosenbilder. „Das Wasser übte auf Monets Pinsel eine besondere Anziehungskraft aus: das Meer, die Seine, die durchsichtige, schläfrige Oberfläche, auf der die zartrosa und weißen Blütenkronen der Wasserrosen Schwärme von Irrlichtern erzeugen“, so erinnerte sich Georges Clémenceau, ein enger Freund Monets.

In Deutschland führten die neuen Strömungen in der Architektur 1906 zur Gründung der „Deutschen Gesellschaft für Gartenkunst“. Die Mitglieder nannten sich von nun an Gartenarchitekten und grenzten sich damit bewußt von dem alten Begriff des „Gartenkünstlers“ ab. Für sie wurde der Garten als „erweiterter Wohnraum“ zum neuen Leitbild.

Heute, knapp hundert Jahre später, genießt das Thema Garten wieder höchste Aufmerksamkeit. Ein Rückblick in die Geschichte liefert nicht nur einen reichen Fundus, der sich plündern läßt, sondern auch das Instrumentarium für eine zukunftsweisende Neubestimmung. Die folgenden Gartenbeispiele liefern dafür interessante Ansätze.

Später erwarb Monet ein zweites Gartenstück, das er zu einer landschaftlichen Anlage mit großem Teich formte. Hier entstanden seine berühmten Seerosenbilder.

Jeder Garten sollte einen Sitzplatz haben, von dem aus man die eigene Schöpfung in Ruhe genießen kann. Barbara Weisser hat diesen in ihrem Hamburger Garten mit einer hölzernen Bank ausgestattet.

Gartenbeispiele

Das Heckenkabinett

Hinter Buchen und Buchsbaum sprießt im Garten der Winklers eine bunte Vielfalt aus Rosen und Rosmarin, Rittersporn und Ringelblumen.

Nach einer leichten Linkskurve taucht der Klosterkielhof der Familie Winkler auf – das ist unverkennbar. Hinter einer großen Pferdekoppel ziehen plötzlich rechtwinklige Heckenwände markante Linien in das ländliche Panorama. Wie Zinnen sitzen auf ihnen in regelmäßigem Abstand runde Gebilde, die sich später als zur Halbkugel geschnittene Buchenstämme entpuppen. Ähnlich wie bei den Bosketts barocker Gärten läßt diese klar strukturierte grüne Architektur eine Reihe in sich verschachtelter Kabinette erahnen. Zunächst biegt man jedoch in eine Allee aus jungen Apfelbäumen ein und fährt vorbei an den Weiden der Pferde. Lisa Winkler ist nämlich nicht nur begeisterte Gärtnerin, sie züchtet auch Ponys.

Haus und Hof liegen leicht erhöht auf der Kuppe einer Endmoräne zwischen Oldenburg und Bremen. „Hier kann der Wind ganz ordentlich blasen", sagt Lisa Winkler. Deshalb pflanzten die Winklers mehr als 400 Meter Buchenhecke, in geraden Linien und rechten Winkeln wie am Maurerlot gezogen. Vorher jedoch, damit in dem „Karnickelsand" überhaupt etwas wuchs, wurden mindestens 100 Sack von dem Tonmineral Bentonit und etliche Fuhren Pferdemist eingearbeitet. Noch heute wird alles Schnittgut geschreddert, kompostiert und dem Boden wieder zurückgeführt, um seine Fruchtbarkeit zu erhalten. Nicht nur Windschutz schwebte dem Gartenarchitekten Joachim Winkler vor, als er mit seiner Frau die grünen Wände plante. Zugleich sollten sie den Garten architektonisch gliedern. Vor vielen Jahren hatte er in Südfrankreich in der Nähe von Aix-en-Provence von einem Berg aus auf ein Raster aus Bäumen und Hecken geschaut, das die unter ihm liegenden Gärten bildeten. Das Bild hat sich ihm eingeprägt. Inzwischen sind Hecken als Strukturelement eines Gartens zu seinem beruflichen Markenzeichen geworden. In seinem Privatgarten zeigt er virtuos die verschiedenen Verwendungsformen. Neben einer spannungsreichen Raumaufteilung gelingt ihm infolge des guten Mikroklimas auch eine abwechslungsreiche Bepflanzung. Wie durch Zimmer eines Hauses flaniert man auf flauschigen Rasenwegen oder auf harten Klinkerpfaden vorbei an Rosen, Iris, duftenden Kräutern, weißem Flieder, Rittersporn und vielen Gewächsen mehr. Heckenbögen markieren wie Türrahmen die Übergänge. Insgesamt existieren acht zusammenhängende Gartenräume.

Vor der Südfassade des strohgedeckten Fachwerkhauses sind die Beete stilecht in Buchs gefaßt, wie es sich für einen klassischen Bauerngarten gehört. Etwas anderes wäre durch die stilistische Vorgabe des Hauses kaum denkbar gewesen. Hochstammrosen (mit Sorten wie 'Bonica', 'Excelsa', 'Rosarium Uetersen', 'Fleurett', 'New Dawn', 'Schneewittchen') versprühen Duft und Farbe. „Wir haben keine Beetrosen gepflanzt, damit sich auch Stauden am Boden entfalten können", erläutert Lisa Winkler die Anlage. Üppig gedeihende Katzenminze stimmt einen blau-violetten Grundton an, der die Farbintensität der Rosen steigert. Dazwischen wiegen sich gut zwanzig verschiedene Ritterspornsorten auf langen Stielen. Thymian, Salbei, Majoran, Rosmarin und Weinraute wachsen in dem streng viergeteilten Kräutergarten. Er folgt unmittelbar auf den Rosengarten. Nutzen und Zierde – beides kommt hier zu seinem Recht: Neben Schnittlauch und Petersilie blühen Studentenblumen und Kapuzinerkresse. Die Schmetterlinge jedoch bevorzugen den Nektar der Oreganoblüten.

Sommeranfang im „Weißen Garten". Um den Brunnen herum blühen graublättriges Hornkraut und die ersten Rosen der Sorte 'Schneewittchen'.

Durch einen Heckenbogen gelangt man in das „Iriskabinett". Es verdankt seine Entstehung dem magischen Licht Italiens. „Dort haben mich die Pastelltöne der Schwertlilien zum ersten Mal fasziniert", erzählt Lisa Winkler. Die Erinnerung weckte den Wunsch nach einem Garten speziell für diese Pflanzen. Ihr Mann ließ sich von den Verhältnissen des mediterranen Naturstandortes inspirieren. Graulaubige Gewächse wie Edelrauten, Königskerzen, Lavendel und Lichtnelken untermalen die Blüten der Iris. Gräser und Gesteinsschotter betonen den steppenartigen Charakter. Am Scheitelpunkt des Weges plätschert ein kleiner Brunnen. Auch der nächste Raum, der „Weiße Garten", entstand als Folge einer Reise. Sie führte die Winklers nach England, wo monochrome Farbgestaltungen in den Gärten Tradition haben. Von Schneeglöckchen, Narzissen und Felsenbirne im Frühjahr über den sommerlichen Blütenflor mit Wiesenmargeriten,

Im Zentrum des Kräutergartens erhebt sich die Rose 'Super Excelsa' zu einer Kaskade purpurfarbener Blüten. Im dahinter liegenden Bauerngarten quellen Katzenminze und Rittersporn aus den streng mit Buchs gefaßten Beeten.

Oben: Rosmarin und spiralig geschnittener Buchs in Töpfen sowie die Rose 'New Dawn' verschaffen dem Liegestuhl ein geschütztes Plätzchen.
Links: Den „Grünen Pavillon" umgeben Heckenwände. Er ist einer der schönsten Plätze im Garten, weil man dort völlig geschützt inmitten der Natur sitzt.

Oben: Von Ringelblumen gesäumt führt der Weg zum Mittelpunkt des Gemüsegartens, wo die weiße Kletterrose 'Rambling Rector' ein gut drei Meter hohes Gerüst bekleidet.
Rechts: Das Inselbeet vor der Westfassade des Hauses beherbergt violetten Sommersalbei und Strauchrosen der Sorte 'Mozart'.

Glockenblumen, Rittersporn und Strauchrosen bis zu den Herbstanemonen, Myrtenastern, Phloxen und Silberkerzen trumpft der „Weiße Garten" mit drei Höhepunkten auf. Ein alter Sandsteinbrunnen bildet das Zentrum. Wie ein junger Baumschößling ragt aus seiner Mitte eine Metallskulptur, entworfen von Tochter und Bildhauerin Insa Winkler. Auf die geschmiedeten Blätter regnet das Wasser mit hellem Klang herab.

Garten und Skulpturen sind für die Winklers eng miteinander verbunden. „Kunst im Garten" heißt eine Ausstellung, die sie seit 1990 jährlich im Frühsommer veranstalten. Jeweils vier Wochen lang verwandelt sich vor allem der Staudengarten zu einer Bühne für eine Reihe von Kunstobjekten. „Wir möchten den Besuchern zeigen, daß anstelle antiker Kopien gerade moderne Unikate einen Garten bereichern", sagt Lisa Winkler. Für ihren Mann lebt ein Garten vor allem aus der Spannung seiner organischen und geometrischen Formen. Skulpturen sind ein Element, diese Spannungsbögen zu erweitern. In einer Ecke des Staudengartens schmückt eine Skulptur auch das Dach vom „Grünen Pavillon", dem Lieblingsplatz der Familie. Anstandslos werden schwere Tabletts, beladen mit Kuchen, Geschirr und Teekanne, von der rund 50 Meter entfernten Küche quer durch den Garten in diesen abgelegenen Winkel geschleppt. Anstelle fester Wände begrenzen ihn Hecken. Man fühlt sich mitten in der Natur. Der Pavillon ist an zwei Seiten offen, nach Westen öffnet er sich in den Rhododendrongarten. Dieser Teil ist zuletzt entstanden. Joachim Winkler hatte sich immer einen japanischen Garten gewünscht. Davon konnte ihn seine Frau jedoch abhalten, weil sie fand, der passe nicht in die norddeutsche Landschaft. So ein bißchen hat sich der Gartenarchitekt hier dann doch seinen Wunsch erfüllt. Besonders die Partien um den Teich herum, über den eine Brücke aus Granitstelen führt, erinnern an japanische Gestaltungen. Vor allem aber ist er den Bedürfnissen der Rhododendren nachgekommen, hat den Boden mit Torf verbessert, schattenspendende Bäume gepflanzt und eine reiche krautige Flora hinzugefügt, die sich gut mit den flachwurzelnden Rhododendren verträgt. So ist ein naturhafter Wald entstanden, der im Kontrast zu den anderen Gartenteilen steht. Nach Norden markiert eine Buchenhecke samt Laubengang seine Grenze, die ihn zugleich wieder in das gesamte Gestaltungskonzept des Gartens einbezieht.

Der Gemüsegarten liegt etwas abseits der Hauptwege zwischen Rhododendrongarten und „Weißem Garten". In seiner Mitte erhebt sich die weiße Kletterrose 'Rambling Rector' an einem gut drei Meter hohen Gerüst. Die Wege führen strahlenförmig darauf zu. Neben geformten Buchsbäumen und Eiben strukturieren kugelige Beerenstämmchen und am Spalier gezogene Apfel- und Birnenbäume die Gemüsebeete. Sie werden nicht intensiv genutzt, sollen aber immer etwas Frisches für die Küche bereithalten. „Natürlich ist dies mein Ressort", sagt Lisa Winkler. Sie schafft ohnehin täglich rund fünf Stunden draußen und hat häufig noch eine Hilfe zur Seite. Zu erleben, wie es wächst, blüht und wieder vergeht, ist für die Hausherrin ein Grundbedürfnis. Daher arbeitet sie viel lieber im Garten als im Büro. An schönen Tagen läßt sie sich zum Feierabend im Garten nieder. Hier kann sie einfach nur den Augenblick genießen. Manchmal taucht ihr Mann dann unvermittelt auf: „Ich muß dir unbedingt etwas zeigen", drängt er. Er hat etwas entdeckt, was ihm nicht mehr gefällt. Dann denken die beiden über Alternativen nach. Besonders nach stressigen Arbeitstagen macht Joachim Winkler immer noch eine Runde durch den Garten. „Die Stimmung ist sanft dort, trotz aller formalen Strukturen", sagt er. Und das ist das beste Mittel für ihn, zur Ruhe zu kommen und auszuspannen.

Focus: So entstehen ungewöhnliche Heckenformen

Gegen die heftigen Winde haben sich Winklers mit einem Ensemble aus Buchenhecken zur Wehr gesetzt. Das gestalterische Konzept, das dahintersteckt, fächert die Anlage in einzelne Räume, die von akkurat gestutzten Hecken eingefaßt werden. Teils wölben sich die Hecken zu Bögen und bilden einen torähnlichen Durchgang. Teils erheben sich einzelne Pflanzen halbkugelförmig über die Heckenwand und sitzen ihr wie Zinnen auf.

Es braucht abhängig von der Größe der Buchenschößlinge zwar mindestens fünf Jahre, bis solche Gestaltung Form annimmt. Sie ist aber gar nicht schwer herzustellen. Wählen Sie dafür kräftige und gerade gewachsene Pflanzen aus. Wo ein Heckenbogen entstehen soll, bleibt etwa eine zwei Meter breite Öffnung in der Hecke. Wenn die Hecke später mehr Volumen angenommen hat, wird der Durchgang noch etwa einen Meter messen. Lassen Sie sich von einem Schlosser einen Bogen aus Metallrohr anfertigen, der schon die endgültige Form vorgibt. Der wird neben den zwei abschließenden Pflanzen eingegraben. Die Haupttriebe der beiden Pflanzen werden nun fortlaufend an das Metallskelett gebunden und peu à peu an diesem zu einem Bogen geformt. Der Rest der Hecke wird dagegen regelmäßig gestutzt, wenn er die vorgesehene Höhe erreicht hat.

Ausgenommen davon sind wiederum Pflanzen, die innerhalb der Hecke noch eine besondere Rolle spielen sollen, z. B. diejenigen, die zu halbkugelförmigen Gebilden bestimmt sind. Auch deren Haupttriebe dürfen noch nicht beschnitten werden. Man läßt sie etwa 50 Zentimeter über die Hecke hinauswachsen und kappt dann erst ihre Spitzen. Von da an verzweigen sie sich. Jetzt lassen sie sich mit der Schere allmählich in die gewünschte Form trimmen.

Natur als Skulptur

Petra Neschkes trimmt Buchsbaum, Myrten und Rosmarin zu Kugeln und arrangiert sie zu kleinen Szenen. Blumen spielen nur eine Nebenrolle.

Ecken sind ihre Sache nicht. Petra Neschkes' Garten besticht durch geschmeidige, glatte Formen, die sich an keiner Stelle in Schnörkel und verschlungene Pfade verstricken. Die Welt ist rund für die Keramikerin, und daher hat sie kurzerhand die Kugelform zu ihrer Lieblingsgestalt erhoben. Kaum hat man den geraden Eingangsweg mit seinen ovalen Ausbuchtungen am Haus entlang hinter sich und biegt um die mannshohe Buchenhecke zur Terrasse ab, da wird man freundlich von einer Gesellschaft kugeliger Gestalten empfangen, die in Terrakottatöpfen stehen: kurze Dicke, Riesen auf dürren Stengeln, Winzlinge, die ihre Köpfe zusammenstecken und modisch Aufgepeppte mit einer Art Kappe auf dem grünen Laubschädel. Getrimmt wurden sie aus sattgrünem Buchsbaum, feiner Myrte, lederblättrigem Lorbeer und duftendem Rosmarin. Allen ist die Kugelform eigen, dennoch entstanden grüne Skulpturen mit jeweils eigenwilligem Charakter. Realistische Figuren hingegen, Teddybären oder Vögel etwa, würde Petra Neschkes niemals aus Pflanzen modellieren. „Zu gekünstelt", findet sie. Vielmehr reizt sie das Spiel mit Proportionen. So zieht sie über Jahre hinweg einen langen Stamm heran, um ihn dann in einem einzigen kleinen Blätterbüschel enden zu lassen. Oder sie formt gleichmäßig grüne Pompons, die auf drei Ebenen aus dem hölzernen Stengel sprießen.

Früher einmal wogte ein Meer von Blüten im Garten, reich an Farben wie auf einer englischen Staudenrabatte. Das gefiel auch den Wühlmäusen. Sie pflügten im Frühjahr durch die Tulpen, geißelten Sommerblumen und Rosen und raubten der Gärtnerin den letzten Nerv. Schließlich war sie diese vergebliche Mühe leid. „Der Klügere gibt nach", dachte sich Petra Neschkes und beendete den ungleichen Wettstreit, indem sie von nun an auf alles verzichtete, was Wühlmäuse besonders gern fressen, oder es nur noch in Töpfe pflanzte. Danach hatte sie Ruhe. Die Neuorientierung fiel leichter, da sie auf Reisen nach Frankreich und Italien viele Ideen sammeln konnte, die ohnehin darauf warteten, im Garten umgesetzt zu werden.

Das war vor mehr als zehn Jahren. Heute schnippelt die Rheinländerin den Sommer über am liebsten ihre grünen Skulpturen in Form, die wie eine Großfamilie die hausnahen Flächen bevölkern. Anstelle arbeitsintensiver Beete bestimmen eine Weinlaube, ein Teich mit Sitzplätzen, die geräumige Terrasse am Haus und weitläufige Rasenflächen mit alten Obstbäumen das Bild des 5 000 Quadratmeter großen Grundstücks. Das Farbkonzept wurde dezenter: Anfang des Jahres blühen Unmengen von Narzissen. Die werden von Wühlmäusen gänzlich gemieden. Dazu gesellen sich Christrosen und Schneebälle. Später dominieren Cremetöne von Calla und Hortensien, vor allem die Sorte 'Annabelle', die sich als besonders robust erwiesen hat. Viel Grün mit einigen Akzenten Weiß – so liebt Petra Neschkes ihren Garten. Im Haus gibt dagegen Weiß den Ton an. Es macht dort alles licht und weit, vertreibt trübes Wetter und verbreitet mediterrane Heiterkeit, die sie so sehr schätzt. Draußen jedoch wären weiße Möbel fehl am Platz. Sie würden den vielen Pflanzenskulpturen die Schau stehlen, die Petra Neschkes zusammen mit ihren aus Ton modellierten Objekten – oft in sich ruhende, runde menschliche Figuren – immer wieder neu in Szene setzt.

Töpfern ist die zweite Leidenschaft der Rheinländerin. Wenn im Winter die Natur ruht,

drücken ihre Hände die Vorstellung einer organisch runden Welt in die feuchten, formbaren Tonklumpen. Jedes Jahr im April werden die Keramiken und Formpflanzen in einer Ausstellung präsentiert. Das Getreide sprießt zu der Zeit auf den angrenzenden Feldern, und es sieht aus, als würde das Grün der Rasenflächen sich unbegrenzt in die Landschaft hinein fortsetzen. In solchen Augenblicken wird besonders deutlich, wie eindrucksvoll die schlichte Weitläufigkeit des Gartens wirkt. In diesem Umfeld können sich die arrangierten Stilleben spannungsvoll entfalten.

Die geklinkerte Terrasse am Haus hat sich immer stärker zu einem großzügigen Raum im Freien entwickelt. Hier finden die jährlichen Ausstellungen statt. Besuchern dient sie als Entree, wenn sie zum Haus wollen. Und im Sommer verwandelt sie sich in ein luftiges Speisezimmer. Von der efeubewachsenen Pergola, die

Spiralförmiger Lorbeer, Buchskugeln, Steingutvasen und ein weinberanktes Gitter grenzen die Terrasse zum Garten ab.

Im Sommer verwandelt sich die großzügige Terrasse vor dem Haus in ein luftiges Speisezimmer. Es läßt sich sogar ein Sonnensegel darüber spannen.

Hier posiert eine Gesellschaft kugeliger Gestalten. Die feinblättrigen Myrten eignen sich gut für den Formschnitt. Sie müssen aber frostsicher überwintern.

Oben: Der Wintergarten ist eine Eigenkonstruktion. Hier sitzen die Neschkes schon früh im Jahr zwischen überwinternden Zitronenbäumen und erhaschen einen Vorgeschmack auf den Frühling.
Rechts: Rund und harmonisch sind die Skulpturen von Petra Neschkes geformt, wie die blauen Blütenstände der Schmucklilie (*Agapanthus*) im Hintergrund.

Die Weinlaube eröffnet den Blick in die Weite des Gartens. Hinter der weißen Skulptur erhebt sich ein Walnußbaum aus einer Gruppe Hortensiensträucher der Sorte 'Annabelle', die ihn wie eine grüne Krause umgibt.

Oben: Schon den Eingangsweg zum Haus flankieren Kugelbäumchen.
Rechts: Hier entstehen die Pflanzenskulpturen. Neben den Schnittwerkzeugen sind Aussaatschale und Töpfe für den Nachwuchs unentbehrlich.
Rechts oben: Die weiße Bank bietet einen Ruheplatz am Teich.

quer über die Terrasse reicht, läßt sich dann ein Sonnensegel zum Haus spannen. Hier endete früher die Terrasse. Heute mißt sie mehr als das Doppelte und schiebt sich als breiter Riegel ein gutes Stück weit in den Rasen hinaus. Mehrere dickbäuchige Buchskugeln und zwei filigrane Eisengitter grenzen sie von ihm ab. Die Gitter hat das Ehepaar Neschkes auf einer Toskanareise bei einem Trödler erworben.

Von der Terrasse aus sind es nur wenige Schritte zum Wintergarten, einem eigenständigen kleinen Gebäude, das nach eigenen Entwürfen an die Grenzmauer zum Nachbargrundstück gesetzt wurde. Ihm ist ein buchsgefaßtes Beet mit geschnittenem Lavendel wie eine breite Bordüre vorgelagert. Zwei Zitronenbäumchen in Kübeln betonen die Ecken des flachen Glasbaus, in dem über Winter alle frostempfindlichen Gewächse Unterschlupf finden. Doch nicht nur sie. Sobald die Sonne die Raumtemperatur auf mindestens 10 Grad Celsius angewärmt hat, kommen die Neschkes gerne herüber, zu einem Bad in den ersten Sonnenstrahlen des Jahres, umgeben von Rosmarin, Lavendel, Lorbeer, Citrus und Myrte. Später verbringen sie hier die schon heiteren, aber noch klammen Frühlingstage, kühle Sommerabende und all die Zeit, in der sie sich unter heimischem Himmel ein wenig wie in Italien fühlen möchten.

Die Begeisterung für Italien hat ohnehin viele Spuren im Garten hinterlassen: nicht nur in der mediterranen Flora, in original toskanischer Terrakottaware und in den in Form getrimmten Gewächsen, die südlich der Alpen als Erbe der Renaissancegärten noch immer weit verbreitet sind. Auch auf Küche und Weinkeller hat diese Liebe stark abgefärbt. So betreiben Neschkes sogar einen Gemüsegarten, in dem überwiegend südländische Spezialitäten kultiviert werden: bunte Salate, wilde Rauke, junge Sprossen von Meerkohl, büschelweise aromatische, glatte Petersilie 'Gigante d'Italia' und der Schwarzkohl Carvolo nero, den sie im Winter mit Füllung und als Suppe verspeisen. Zusätzlich braucht die Hausfrau große Mengen Salbei und Basilikum, letzteres für die Eigenproduktion von Pesto. Auf die Anzucht von Tomaten verzichtet sie jedoch mittlerweile völlig, weil diese in der Vergangenheit so häufig von Braunfäule befallen wurden. Daher bleibt noch Platz für ungewöhnliche Arten wie den weißen Kürbis 'Whiter Corn', Mitbringsel von einem holländischen Gartenmarkt, und rotstieligen Mangold.

Den stärksten Einfluß auf Petra Neschkes' eigene Gestaltung hatte der Garten von Nicole de Vésian in Südfrankreich, eine Anlage oberhalb des Dorfes Bonnieux, 50 Kilometer östlich von Avignon, in der ein großes Ensemble pflanzlicher Rundlinge den Ton angibt. Kieselsteine dienten der Künstlerin als Vorbild, nach denen Lavendel, Buchsbaum und andere mediterrane Sträucher modelliert wurden. Blumen spielen hier nur eine Nebenrolle. Die graphischen Muster dieses Gartens korrespondieren wunderschön mit den graulaubigen Kronen der Olivenhaine, die das Bild der tiefer liegenden Landschaft dominieren. Auch dieses spannungsreiche Spiel zwischen Kunst und Natur findet sich in Petra Neschkes' Garten wieder. Neben den Pflanzenskulpturen prägen auch die knorrigen Apfelbäume, eine zottelige Weide und der breit ausladende Walnußbaum das Gesamtbild des Gartens. Ganz bewußt bleiben bei ihr lockere und etwas wild anmutende Elemente erhalten. So wie auch die perfekten Rundungen von Buchs und Myrte nicht zufällig in angenehmen Kontrast zu den bauschigen, weißen Hortensienblüten geraten.

Focus: Geformte Pflanzen selbst heranziehen

Ihr erstes Modell fand Petra Neschkes vor rund 20 Jahren in einer Myrte, Fundstück auf einer Italienreise. Sie machte das junge Pflänzchen zu einem wohl proportionierten Kugelbäumchen, das jetzt ehrfurchtsvoll Urmyrte heißt. Denn aus den Schnipseln ihrer grünen Triebe entstanden Dutzende weiterer Formpflanzen. Man geht dabei folgendermaßen vor:
Etwa 15 Zentimeter lange Triebspitzen schneiden, mindestens zur Hälfte entblättern, tief in einen Topf mit Aussaaterde stecken und die Erde fest andrücken. Schließlich alles schattig aufstellen und die Töpfe regelmäßig feucht halten. Für die Vermehrung eignen sich am besten Triebe, die schon verholzt sind. Ein guter Zeitpunkt für die Entnahme ist daher März/April und Ende August bis Anfang Oktober. Das gilt für Buchsbaum, Lavendel und Rosmarin gleichermaßen.
Sind die Pflänzchen angewurzelt – sichtbar an dem beginnenden Wachstum nach etwa sechs Monaten – sollten sie an einem Stock fixiert werden. Von nun an brauchen sie auch Dünger. Um ein gerades Stämmchen zu bekommen, müssen kontinuierlich die Seitentriebe entfernt werden. Hat es die vorgesehene Höhe erreicht, wird die Spitze gekappt. Jetzt beginnt die Pflanze, sich an dieser Stelle zu verzweigen. Regelmäßiges Schneiden sorgt dann für eine kompakte Krone.
Was hier vielleicht kompliziert klingt, funktioniert ganz einfach. Probieren Sie es zunächst im Garten mit Teilen von Buchsbaum oder Lavendel, die Sie als Einfassungspflanzen brauchen. Die Stecklinge schneiden, es können auch entsprechend lange Seitentriebe abgerissen werden (sogenannte Rißlinge), und an einem schattigen Platz in den Boden stecken. Wenn sich nach einigen Monaten kleine Pflanzen daraus entwickelt haben, werden Sie in Zukunft solche Gewächse gar nicht mehr kaufen wollen, sondern nur noch selbst vermehren. Sollen daraus nun noch kleine Skulpturen werden, müssen die Pflanzen in Töpfe gesetzt werden. So lassen sie sich besser handhaben.
Petra Neschkes will eine einmal geschaffene Formpflanze meist unverändert erhalten. Dazu verpaßt sie nicht nur dem Laubkleid jährlich eine kräftige Schur, sondern kappt auch den Wurzelballen. Anschließend wird er mit frischer Erde ins gleiche Gefäß eingetopft. Der beste Zeitpunkt für das In-Form-Trimmen ist Anfang Juni. Dann ist der Neutrieb noch weich. Neben Handscheren haben sich akkubetriebene Rasenkantenscheren dafür gut bewährt.

Vom Aroma verführt

Barbara Weisser liebt vor allem Gewächse mit intensiven Düften. Die sammelt sie in ihrem Garten wie kleine Trophäen.

Der Ausblick ist unvergleichlich: Unterhalb des Grundstücks strömt die Elbe träge im gleißenden Sonnenlicht. Dahinter, jenseits des Hafens, erhebt sich im Süden die Hügelkette der Harburger Berge. Der Garten der Hamburger Familie Weisser belegt einen Logenplatz hoch am Elbhang. Das reizvolle Panorama birgt jedoch zugleich das Problem der abschüssigen Lage in sich. Es ist gestalterisch vorbildlich gelöst, indem der Höhenunterschied von rund zehn Metern auf drei Ebenen verteilt wurde. Oben schließt direkt an das Wohnhaus eine geräumige Terrasse an. Über eine lange Treppe gelangt man in den großen Ziergarten, dem noch einmal um einige Meter nach unten versetzt ein kleiner Nutzgarten folgt.

„Meine Leidenschaft für Pflanzen hat mich zu einer Sammlerin gemacht", sagt Barbara Weisser. Dabei erliegt sie nicht nur optischen Reizen. Häufig läßt sie sich von ihrer Nase leiten, um verführerischen Pflanzenaromen auf die Spur zu kommen. Ihre Fundstücke können Besucher wunderbar verblüffen, etwa, wenn es im Januar vor der Haustür stark nach Honig duftet. Verantwortlich dafür ist die bei uns kaum bekannte weißblühende Fleischbeere (*Sarcococca humilis*). Trotz eingeschränkter Winterhärte überdauert der kleine immergrüne Strauch, eine Entdeckung im südwestlich von London gelegenen Wisley Garden der Royal Horticultural Society, dort schon seit Jahren im Schutz der Mauern.

Gestalterische Grundsätze spielen für die Hamburgerin erst in zweiter Linie eine Rolle. Daher hatte sie vor zehn Jahren einen Gartenarchitekten beauftragt, dem Ziergarten eine grundlegende Form zu geben und damit eine Bühne für die Pflanzenschätze zu schaffen. Die ehemals abschüssige Obstwiese erhielt drei kleine Absätze, die sie in vier ebene Stücke unterteilt. Kniehohe, mit Granit verkleidete Betonmauern stützen das Gelände, das mit Erde aufgefüllt und zu großzügigen Beetflächen geformt wurde. Nach Westen hin entstand zudem ein langer, schmaler Wasserlauf in Anlehnung an ähnlich formale Stilelemente maurischer Gärten, wie die der Alhambra im spanischem Granada. Er wird aus einem Teich gespeist, rieselt über Stufen hinab und mündet schließlich in ein dreieckiges Becken. Von dort wird das Wasser wieder zurückgepumpt. Streifen mit Sibirischer Wieseniris (*Iris sibirica*) begleiten den kleinen Kanal zu beiden Seiten und schmücken ihn zu Sommerbeginn mit einem Band blauer Blüten.

Im Osten überspannt den Hauptgartenweg ein Laubengang, der speziell für Rosen und Klematis geschaffen wurde. Um der Konstruktion einen den Pflanzen angemessenen zierlichen Charakter zu geben, hat Barbara Weisser Pfosten und Metallbögen von einem Schlosser anfertigen lassen. Paarweise teilen sich die Ranker jetzt eine Stütze, wie die samtrote Klematis 'Rouge Cardinal' und Rose 'Leander' sowie die Kletterrose 'Alchymist' mit der Klematis 'Voluceau' in Petunienrot. Keine Frage, daß die Rosen einen betörenden Duft verströmen.

Bei aller Lust am reinen Sammeln achtet Barbara Weisser auch auf kompositorische Ordnung. Die meisten Beete hat sie nach Blütenfarben arrangiert. So dominieren blaue, violette und rosa Töne den Sommer. Eine wichtige Rolle spielen dabei Mohn, insbesondere die lachsfarbenen Sorten, Zierlauch, Nachtviolen, Lupinen, Glockenblumen, Päonien und Iris. Dazwischen mischen sich weiße Blüten, die das farbenfrohe Bild auflockern. Kleine sattgrüne Kiefern sorgen

für ruhige Übergänge. Parallel zu den niedrigen Stützmauern verlaufen schmale Wege, von denen aus die Stauden gut zu pflegen sind.

Hitzeverträgliche Arten wie Lavendel, Wollziest, Heiligenkraut, Zitronenthymian und verschiedene Salbei-Arten haben einen Platz im oberen Teil des Gartens, im sogenannten „Toskana-Beet", bekommen. Dort ist der Boden sandig und trocknet leicht aus. Es ist das einzige Beet ohne fest installierte Bewässerung. Die versorgt die anderen Rabatten und den Rasen fein dosiert, damit das Wasser nicht in Strömen den Hang herabrauscht.

Neben großflächigen harmonischen Farbarrangements leistet sich die Hamburgerin stellenweise auch Extravaganzen wie die Ecke mit überwiegend rotlaubigen Gewächsen. Im Mittelpunkt prankt die Strauchrose 'Variegata di Bologna' mit großen gefüllten, süß duftenden Blüten, die aussehen wie pralle, zweifarbige Zucker-

Blaue, violette und rosa Töne dominieren die Beete im Frühsommer. Die weißen Blüten der Lupinen und der Päonie 'Fairy's Petticoat' lockern das farbenfrohe Bild auf.

Der Ausblick von dem am Elbhang gelegenen Garten ist unvergleichlich schön. Das Gefälle verteilt sich auf drei Ebenen. Der Ziergarten nimmt die größte Fläche auf mittlerer Höhe ein.

Ein Band blauviolett blühender Sibirischer Wieseniris begleitet den formal gestalteten Wasserkanal. Er entstand in Anlehnung an Wasserspiele, die den Charakter maurischer Gärten ausmachen. Der Kanal speist sich aus einem Teich, der teils von einer Holzterrasse überspannt wird.

Ein Laubengang aus Rosen und Klematis wölbt sich über einen der Hauptwege. Im Vordergrund präsentiert sich die samtrote Klematis 'Rouge Cardinal' zusammen mit der Englischen Rose 'Leander' und der Kletterrose 'Alchymist'. Zu ihren Füßen machen sich Frauenmantel und Glockenblumen breit.

Kniehohe Mauern terrassieren den Ziergarten leicht und verschaffen ihm so ebene Flächen. Von den schmalen Wegen aus lassen sich die Beete bequem pflegen.

Der Wasserkanal mündet in ein kleines dreieckiges Wasserbecken, das von einer mit Wildem Wein bewachsenen Mauer begrenzt wird. Rechts davon sprießt *Rosa moyesii*, eine Wildrose, die auch leichten Schatten verträgt.

drops: purpurrot und weiß marmoriert. Um sie herum eine Gesellschaft dunkler Gestalten: mannshoher Engelwurz (*Angelica gigas*) mit tiefroten Dolden, das Purpurglöckchen *Heuchera micrantha* 'Palace Purple', dunkellaubiger Günsel (*Ajuga*), roter Fenchel (*Foeniculum vulgare* 'Rubrum') und schwarzvioletter Wiesenkerbel (*Anthriscus sylvestris* 'Raven's Wing').

Rosen, Iris und Päonien sind jedoch Barbara Weissers besondere Favoriten, nicht zuletzt deshalb, weil die jeweiligen großen Sortimente reich an duftenden Formen sind. Für ihre zarten Trophäen durchstöbert sie Schaugärten, Parks und Gärtnereien. Denn bevor sie sich für eine Blütenschönheit entscheidet, möchte sie sie in Augenschein genommen und selbstverständlich an ihr geschnuppert haben. Da einer ihrer Söhne in England studiert, fährt sie häufiger nach London. In einer Art Goldgräberstimmung tingelt sie dann durch Gärtnereien wie die Clifton Nursery im Stadtteil Little Venice und den Chelsea Gardener. Vollbepackt geht es zurück nach Hause. Jedes Gewächs bekommt daheim im Garten einen Platz, der Frosthärte und Standortansprüche berücksichtigt. Und natürlich werden die Neuankömmlinge auch so gesetzt, daß sie sich gut ins Gesamtbild fügen. Pflanzen, die bei dieser Gelegenheit ausgetauscht werden und nicht an anderer Stelle unterkommen, werden verschenkt oder zum Mitnehmen an die Gartenpforte gehängt.

Am Ende der Rasenfläche ist eine Holzbank so plaziert, daß man von ihr aus die harmonisch gestalteten Beetflächen in Ruhe anschauen kann. Eine schöne Variante zum Landschaftspanorama, das fast von jeder Stelle des Grundstücks aus im Blick ist. Unterhalb dieser Bank verbirgt sich noch ein kleiner Nutzgarten. Hier kultiviert Barbara Weissers Mann einige Weinstöcke. Das Hamburger Klima bringt in dieser geschützten Südlage sogar richtig süße Beeren hervor, die allerdings recht klein sind. „Wir müssen den Schnitt noch optimieren“, mutmaßt Barbara Weisser. Sie selbst zieht auf der untersten Stufe des Gartens ein wenig Gemüse, vor allem aber Küchenkräuter und Sommerblumen für Sträuße im Haus. Auf diese Weise nimmt sie die aromatischen Attribute der Pflanzenwelt mit in ihre vier Wände, wo sie sie bei Wind und Schmuddelwetter – für diese nördlichen Breiten nicht gerade untypisch – in vollen Zügen genießen kann.

Focus: Pflanzendüfte

Im Garten von Barbara Weisser trotzen schon sehr früh im Jahr blühende Gewächse den ungemütlichen Außentemperaturen. Darunter sind die Schmuckblatt-Mahonie (*Mahonia bealei*), Winterblüte (*Chimonanthus fragrans*), Duft-Schneebälle *Viburnum* x *bodnantense* ‘Dawn’ und *Viburnum farreri* und der bei uns nur bedingt frostharte Mittelmeerschneeball *Viburnum tinus*.
Auf die meisten Winterblüher wurde sie aufmerksam, weil diese Frühstarter es verstehen, vor allem mit ihrem Duft zu werben. Viele von ihnen haben eher unscheinbare Blüten. Eine aufwendige Kostümierung mit Fernwirkung würde um diese Jahreszeit dem Frost ohnehin schnell zum Opfer fallen.
Generell rechnet man zu den Duftpflanzen Blumen, Stauden und Gehölze, deren Blüten oder Blätter von sich aus einen angenehmen Geruch verbreiten. Aromapflanzen hingegen müssen erst berührt, zerrieben oder zerbrochen werden, bevor Blätter, Rinde oder Zweige ihren Geruch freigeben. Viele Kräuter und Heilpflanzen gehören in diese Gruppe.
Mit dem Parfüm, das sich die Blüten aufgelegt haben, verfolgen die Gewächse ein ganz bestimmtes Ziel: Es soll Insekten zur Bestäubung anlocken. Ist die vollbracht, kümmert sie ihr eigener Geruch nicht mehr, und die Blüten welken. Daher richten sich Duftnoten und der Zeitpunkt, zu dem diese freigesetzt werden, vor allem nach den Bestäubern. Schmetterlinge und Motten sind ganz wild auf Wohlgerüche. Mit ihnen locken die Pflanzen häufig erst in den Abend-

stunden, da in dieser Zeit viele Falter unterwegs sind. Interessanterweise sind Blüten dieser Pflanzen häufig gelb oder weiß, offensichtlich auch eine Orientierungshilfe für die Nachtschwärmer. Hummeln hingegen fliegen vor allem auf die Farbe Blau. Sie signalisiert ihnen ihre Nektarquellen. Duft spielt keine Rolle, weshalb viele blaue Blüten nicht duften. Bienen reagieren zwar auch in erster Linie auf optische Signale, doch auch sie lassen sich gerne von Düften verführen. Man sagt, diese seien ihre „Merkzeichen“ für die Futterquelle. Immerhin besprühen Obstbauern zuweilen ihre geruchsarmen Süßkirschen mit bestimmten Aromen, weil sich das für eine bessere Bestäubung und Ernte auszahlt.
Während insbesondere Schmetterlinge Duftnoten eindeutig identifizieren können, fällt das den Menschen nicht immer leicht. Der menschliche Geruchssinn hängt mit einer Struktur im Gehirn zusammen, die auch das Gefühlsleben regelt. Da Empfindungen stark subjektiv geprägt sind, werden auch einzelne Aromen zuweilen ganz unterschiedlich erlebt.

Von Selbstversorgern zu Gartenkünstlern

Das Ehepaar van Ingen suchte sein Glück im Landleben. Mittlerweile sind die beiden Spezialisten in Sachen grüner Architektur und Farbgärten.

Die van Ingens träumten Ende der 70er Jahre wie viele aus ihrer Generation den Traum vom Leben auf dem Land. Und sie haben ihn im Gegensatz zu vielen anderen Träumern verwirklicht: Marjan und Dik van Ingen zogen 1979 aus der Stadt an den Ortsrand einer 2700-Seelen-Gemeinde in Holland. Beide Mitte Zwanzig, die Ausbildung noch gar nicht ganz abgeschlossen. Im Gepäck die Bücher von John Seymour, Kultautor der Aussteigergeneration, und im Kopf Sätze wie „Bücher, Wörter, Überlegungen – all das vermag nicht, dieses Bewußtsein in uns zu wecken. Rüben zu hacken, liebevoll Pflanzen und Tiere heranzuziehen und den Wandel der Jahreszeiten zu fühlen – all dies aber kann Herz und Geist des Menschen neu erwecken.“ Voller Elan stürzten sich die beiden daher als erstes auf die Urbarmachung des Landes. Was dazu führte, daß sie im ersten Jahr das Wasser zum Abwaschen noch in Eimern herbeischleppen mußten, weil sie keine Zeit hatten, im Haus neue Leitungen zu legen.

Hin und wieder tuckerte an dem mehr als 100 Jahre alten Reetdachhaus ein Trecker vorbei. Sonst war es dort ruhig und idyllisch. Auf der Weide grasten die eigenen Ziegen und Schafe, und die Hühner scharrten im Boden. Den großen Gemüsegarten bestellten sie gewissenhaft, so daß der überwiegende Teil frischer Lebensmittel für den täglichen Bedarf dort heranwuchs. Dann passierte es. Auf der anderen Seite der kleinen Straße, unmittelbar gegenüber ihrem Grundstück, entstand ein Neubaugebiet. Plötzlich war das unkomplizierte Landleben vorbei. Die Terrasse mußte hinter das Haus verlegt werden, um draußen weiterhin ungestört sitzen zu können. Und unversehens waren die zwei Holländer mittendrin, den Garten von Grund auf richtig zu planen. Im Völkerkundemuseum Arnheim hatten sie gesehen, daß zu einem Bauernhaus, wie sie es besaßen, ein Garten mit einem Grundmuster aus niedrigen, exakt geschnittenen Buchsbaumhecken gehört. So etwas sollte es sein. Anregungen holten sie sich zusätzlich aus Büchern. Schließlich waren der Terrasse hübsch in Buchs gefaßte Ornamente vorgelagert, dazu zwei Ovale, um die man herumschlendern konnte. In diese verschiedenen geometrischen Formen setzten sie eine üppige Flora aus verschiedenen Stauden. Sie quoll regelrecht aus den grünen Rahmen, denn ein bißchen Wildheit war durchaus beabsichtigt. Die Blütenfarben leuchteten vorwiegend in Weiß- und Blautönen – bis heute noch die Lieblingsfarben der van Ingens. Um die ganze Anlage wurde eine Weißdornhecke gezogen. Es blieb gerade noch ein kleiner Durchschlupf zur Obstwiese und zu den ausgedehnten Weiden.

Inzwischen war die Familie um drei Kinder gewachsen. Im sechsten oder siebten Sommer auf dem Land zog die ganze Familie zum Essen unter einen der größeren Kirschbäume, der auf der Obstwiese ein schönes schattiges Plätzchen bot. Dik hatte dort aus alten Schiffsbohlen, die er günstig erstanden hatte, Tisch und Bänke gezimmert. Von nun an wurde das der Eßplatz für schöne Tage. Und um ihn herum entstand allmählich ein Garten. Einerseits war Schutz nötig, weil es vom nahe gelegenen Rhein manchmal ziemlich kühl herüberwehte. „Andererseits treiben wir uns gegenseitig immer zu neuen Taten an“, sagt Dik van Ingen. Schnell war sich das

Ehepaar einig, wieder eine Hecke zu ziehen. Auf die Beete sollten Pflanzen kommen, die sie nach Schönheit und Farbigkeit des Blattwerks aussuchen wollten. Doch was sind schöne Blätter? „Ich liebe zartes, feines Laub, Dik hingegen die starken, großen Blätter", erzählt Marjan van Ingen. Schließlich sortierten sie einfach nach „Frauenpflanzen" und „Männerpflanzen" und mischten beide Gruppen zu einer recht spannenden Komposition.

In Gartenbüchern stießen sie darauf, daß ihre Gestaltungsweise als das Anlegen von „Gartenzimmern" bezeichnet wird. Den Begriff hatten sie vorher noch nicht gehört. Wenn das so ist, dachten sie sich, können wir ebensogut noch weitere „Zimmer" schaffen. Weideland gab es nach hinten hinaus reichlich, und es bot sich gerade die Gelegenheit, noch einmal gut das Doppelte an Fläche dazuzukaufen. Jeder Gartenteil bekam jetzt einen Namen. „Dann wissen wir

Buchshecken halten den üppigen Staudenflor aus überwiegend Blau- und Weißtönen zusammen. Der erste Gartenteil direkt am Haus wurde nach dem Vorbild klassischer Bauerngärten gestaltet.

Die Dolden der Schafgarbe (*Achillea millefolium* 'Lilac Beauty') umspielen mit ihren punktförmigen Blüten die purpurfarbenen Malve (*Malva sylvestris*).

Zwischen den Backsteinpfeilern der Pergola im „Purpurnen Garten“ sprießt zu Klematis, Rosen und Katzenminze eine wilde Gesellschaft einjähriger Blumen aus Mohn, Malven und Schleier-Eisenkraut (*Verbena bonariensis*).

Den „Rosa Garten“ bestimmt ein rechteckiges Beet mit pyramidenförmigen Eiben und einer Vielzahl roter und rosafarbener Pflanzen, die mit graublättrigen Arten gepaart sind.

Oben: Ein restauriertes Backhaus begrenzt den Bauerngarten hinter dem Haus. Spalierlinden, kegelförmige Eiben und Buchshecken geben der Staudenfülle klare Strukturen.
Links: Aus dem am Boden wuchernden Rosenwaldmeister (*Phuopsis stylosa*) tauchen einige Blüten der Kletterrose 'Constance Spry' auf.

Noch heute versorgt die Familie van Ingen sich mit frischem Gemüse, Kräutern und Früchten überwiegend aus dem eigenen Gemüsegarten.

Oben: Im „Apricot Garten" steht ein kleines Gewächshaus, in dem im Frühjahr die Jungpflanzen herangezogen werden.
Links: Stauden mit auffälligem Blattwerk säumen die Beete im „Eßgarten", in dem sich auch dieser Brunnen befindet.

Oben: Den Eingang in den „Rosa Garten" überwölbt die mächtige Ramblerrose 'Bobbie James'.
Rechts: Kletterrose 'Gloire de Dijon' und das Geißblatt *Lonicera* x *tellmanniana* passen farblich perfekt zueinander.
Rechts oben: Der Sitzplatz unter dem Kirschbaum im „Eßgarten" besteht aus Ziegeln und alten Schiffsbohlen.

wenigstens immer, worüber wir gerade sprechen oder wo man den anderen suchen muß", sagen die beiden – bei einem Garten von fast einem Hektar Fläche verständlich. Gegenüber vom „Eßgarten" entstand nun der „Rosa Garten" mit einem zentralen rechteckigen Beet. Von Buchs gefaßt, mit zwei pyramidenförmigen Eiben darin, versammelt er überwiegend Stauden mit rosafarbenen Blüten wie Storchschnabel, Sterndolde, Taubnessel und Astilbe. Die Frühlingsblüher bekamen mit dem „Zwiebelpfad" einen eigenen Auftritt. Dahinter, getrennt nur von einer niedrigen Hainbuchenhecke, erstreckt sich der „Apricot-Garten", vornehmlich eine Bühne für Rosen mit extravaganten Blütenfarben. Es sonnen sich dort unter anderem die orange-kupferfarbene 'Just Joey', 'Mrs. Oakley Fisher', gelbblühend mit einem Stich ins Orange, die Moschata Rose 'Buff Beauty' in reinem Apricot und die hell bernsteinfarbene 'Gloire de Dijon' mit einem Hauch von Rosa in ihren wunderschönen Blüten. Eine Reihe von Stauden, darunter Taglilien, Fingerhut (*Digitalis ferruginea*), Nelkenwurz (*Geum*) und Federmohn (*Macleaya*), begleiten den Hofstaat der Rosen. Dazu gehört auch ein kleines Gewächshaus. Hier wachsen die Jungpflanzen heran.

Während die bis hierher beschriebenen Gartenteile alle in einer Südnord-Achse aufeinander folgen, legten van Ingens vor einigen Jahren eine 25 Meter lange und rund sechs Meter breite Querachse dazu an. Sie schließt das gestaltete Areal nach Norden hin ab und öffnet den Garten zu einer großen freien Fläche, die südlich davor liegt. Eine Pergola überspannt diese Achse auf ganzer Länge und Breite, gut drei Meter hohe Backsteinpfeiler mit kräftigen, taubenblauen

Balken darauf: der „Purpurne Garten". Violettblaue Wisterien, rotbraune Akebien sowie diverse Kletterrosen und Klematis sollen das mächtige Gebilde begrünen. Zwischen den Stützen füllen jetzt schon Katzenminze, Zierlauch, Purpurglöckchen, Phlox und viele einjährige Sommerblumen die einzelnen Felder. Die Achse endet vor einem „Fenster" in einer Eibenhecke. Dahinter ist ein ganz ruhiger Gartenteil geplant, mit einem schmalen, langen Wasserband, einer Hainbuchenlaube und einer überwiegend grünen Bepflanzung.

Marjan und Dik van Ingen haben also noch viel vor. Und das ist gut so. Ihre Gartenaktivitäten sind für beide zum Mittelpunkt des gemeinsamen Lebens geworden. Alle Arbeiten erledigen sie fast ausschließlich ohne fremde Hilfe, und das ist manchmal auch mühevoll. Der besondere Thrill entsteht aber, wenn sie zusammen neue Ideen ausbrüten. Allein dafür könnte der Garten jedes Jahr ein Stück wachsen. Aber wer sollte das dann alles pflegen?

Ihren ursprünglichen Idealen sind sie insoweit treu geblieben, als daß die ganze Anlage biologisch bewirtschaftet wird, insbesondere der Gemüsegarten. Der hat seine feste Form inmitten eines von Mauern und Hecken umschlossenen fast 800 Quadratmeter großen Areals bekommen. Kompost und Mist von den Tieren düngen die Beetflächen. Außerdem weiß die Natur sich selbst ganz gut zu helfen, darauf muß man vertrauen. So hat die Zahl der Vogelarten sich in den letzten 20 Jahren etwa verfünffacht, eine kräftige Hilfe im Kampf gegen die nimmermüden Schädlinge. Bei Schnecken kennen die beiden allerdings kein Pardon. Da hilft nur das industrielle Granulat. Manchmal übt sich das Ehepaar jedoch einfach nur in Geduld. „Der Garten hat seine eigenen Gesetze", sagen sie dann. „Das muß man akzeptieren".

Focus: Rosen und Klematis verbändeln

Der Übergang vom Buchsgarten in den „Rosa Garten" wird bei van Ingens von der mächtigen Ramblerrose 'Bobbie James' überrankt. Wenn sie Ende Juni blüht, werden die Räume plötzlich wie durch ein freundliches Wandgemälde hell und heiter. Doch nicht Rosen allein bringen Licht und Farbe in die grünen Heckenzimmer. Häufig sind sie mit anderen Kletterpflanzen ineinander verwoben, in den meisten Fällen mit Klematis. Die eindrucksvollsten Beispiele finden sich an der großen Pergola im „Purpurnen Garten". Beide Pflanzenarten haben relativ ähnliche Ansprüche an Boden und Pflege, daher kommen sie gut miteinander aus. Wichtig ist dennoch, daß sie rund einen Meter Abstand voneinander halten, denn Wasser und Nährstoffe teilen sie nicht gerne mit aufdringlichen Nachbarn. Die Klematis beansprucht ohnehin ein mindestens 40 x 40 x 40 Zentimeter großes Pflanzloch. Unter den Aushub mischt man etwa ein Drittel Blumenerde oder gut verrotteten Kompost. Rosen werden rund fünf Zentimeter, Klematis sogar mindestens zehn Zentimeter tief in den Boden gesetzt. So können aus Seitenknospen frische Triebe sprießen, mit denen die Pflanzen sich regenerieren. Der Wurzelbereich der Klematis braucht zudem Schatten. Ist dieser nicht vor Ort gegeben, setzt man mit etwas Abstand ein kleines Gewächs dazu.

Die Rose soll immer der wüchsigere Partner von beiden sein. Da sie der Klematis häufig auch Halt bietet, darf sie von ihr nicht überwuchert werden. Die meisten Klematishybriden halten sich damit auch vornehm zurück. Schwierig wird es aber mit Wildarten, wie der *Clematis montana*, *Clematis paniculata* und *Clematis vitalba*, die gut und gerne zehn Meter in die Höhe schießen. Wenn Rosen zu stark bedrängt werden, sollte man die Klematis einfach etwas zurückschneiden.

Die Kombinationsmöglichkeiten sind vielfältig. Entscheiden Sie selbst durch die Wahl entsprechender Sorten, ob die Klematis vor den Rosen, mit ihnen zusammen oder nach ihnen blühen soll. Und ob die Farben Ton in Ton aufeinander abgestimmt sein oder kontrastreiche Komplementärfarben wie Violett und Gelb zusammengeführt werden sollen.

East meets West

In ihrem Garten in Holland haben Inez und Frans Arnold asiatische Harmonie der Formen und europäische Blütenpracht vereint.

Anfangs blickten Inez und Frans Arnold aus den Fenstern ihres neuen Hauses auf ein langgestrecktes Stück wilder Wiese, eine ehemalige Viehweide, die sie ebenfalls erwerben konnten. Dieser halbe Hektar Land weckte damals ihre Gartenlust. Sie ließen die Grasnarbe unterpflügen und säten auf dem ganzen Stück Gründüngung aus, unter anderem Winterroggen, Phacelia und Lupinen. Ihr Bewuchs reicherte den armen Sandboden allmählich mit Nährstoffen und Humus an und verhinderte das Aufkommen von Unkräutern. Das gab den Arnolds Zeit, sich in Ruhe zu überlegen, was sie aus dem Grund und Boden machen wollten.

Sie besuchten den Japanischen Garten von Clingendael in der Nähe von Den Haag und waren begeistert. Danach verschlangen sie begierig asiatische Gartenliteratur. Während einer Reise auf die britischen Inseln überwältigte sie dann der Zauber englischer Gärten. Tagelang stöberten sie durch Gärtnereien, um sich von dem Pflanzenangebot vor Ort inspirieren zu lassen. Schließlich fiel die Entscheidung für einen Plan, der westliche und östliche Gartenästhetik vereinte. Das ist jetzt 25 Jahre her.

„Unsere Planung war damals aus einem Guß", erinnert sich Frans Arnold. Sie umfaßte auch einen Zeitplan, der die Ausführungen schon Jahre im voraus festlegte. Eine alte östliche Weisheit besagt: „Der Weg ist das Ziel." Und genau das traf auf die Entstehung des Arnoldschen Gartens zu. Beide Eheleute vertieften sich mit großem Engagement in die Arbeit, machten detaillierte Skizzen, bauten, pflanzten, probierten aus, erlitten Rückschläge, versuchten es darauf mit anderen Gewächsen und Kombinationen und verloren bei alledem niemals ihre Gelassenheit. Mit der Fertigstellung des Teehauses vor vier Jahren haben sie ihren ursprüngliche Plan endgültig verwirklicht, ohne daß Grundlegendes von den Ideen geändert wurde.

Am Anfang stand damals die Anlage des Japanischen Gartens. Er sollte einen separaten Platz erhalten, und dafür wurden schwere Maschinen benötigt. So rollte ein Sattelschlepper in die hinterste Ecke des Grundstücks. Die Fracht rasselte zu Boden: 25 Tonnen Fels in großen Blöcken aus Grauwacke. Die hatten sich Arnolds speziell in einem Steinbruch im Rheingau ausgesucht. Die Felsen ließen sie zu einem kleinen Gebirge auftürmen. Heute ergießt sich von seiner Spitze ein Wasserfall in den naturhaft angelegten, rund 300 Quadratmeter großen Teich, ähnlich wie in den Gärten der Heian-Zeit (794–1185), von denen sich die beiden Holländer für ihre Gestaltung inspirieren ließen. Diese Gärten dienten noch nicht in erster Linie meditativer Naturbetrachtung. Vielmehr repräsentierten sie ein Stück farbige Landschaft, pointiert durch die Betonung der Jahreszeiten. Im Arnoldschen Refugium füllt sich daher der Himmel im Frühjahr mit schneeweißen Kirschblüten, Rhododendren und Azaleen lodern um das Teichufer herum. Dazwischen leuchten unzählige Blüten einer reichen Bodenflora aus Etagenprimeln, Waldsteinien, Schaumblüte (*Tiarella*), Teppichphlox und Gartenorchideen (*Dactylorhiza*). Blauer Himmel, Blüten und Farben des Herbstes mischen sich zudem auf der Wasseroberfläche wie in einem schillernden Kaleidoskop. Asiatische Veitchs-Tannen, Kiefern, Stechpalmen, Lärchen und Korkbäume (*Phellodendron*) halten mit gedämpften Grüntönen dagegen. Sie sorgen für eine insgesamt ruhige Grundstimmung.

Trittsteine, die stellenweise aus einem Kiesbett ragen und nach einem vorgeschriebenen Rhythmus verlegt sind, laden zum gemächlichen Gehen ein. Sie zeichnen den Weg um den See herum vor. Nur das Plätschern durchbricht die Ruhe der dichtbewachsenen Anlage, deren Mittelpunkt das Teehaus ist. Traditionell dient es der buddhistischen Teezeremonie, die oft in eigens eingerichteten Teegärten abgehalten wird. Geharkter Kies um das Haus herum betont das Besondere des Ortes, den man in innerlich gelöster Haltung betreten soll. Der schattige Weg dorthin, ein sogenannter Roji, hilft, sich darauf vorzubereiten. Die Trittsteine sind dort so gesetzt, daß der Besucher sich auf seine Schritte konzentrieren muß. Steinlaternen sollen unterwegs sein Bewußtsein erhellen, und in Wasserbecken reinigt er sich zumindest symbolisch von den Spuren des Alltags. Bei Arnolds gelangt man auf diesem Roji in die japanische Teichlandschaft. Moose, Farne und einige immergrüne Bodendecker sprießen zu beiden Seiten.

Ein schmaler Waldsaum und eine Bambuspergola trennen diese ruhige Welt vom mediterranen, aus Klinkern gemauerten Senkgarten, der sich in der Mitte des Grundstücks wie ein antikes Forum ausbreitet. Er ist das genaue Gegenstück: offen, heiter und von expressiver Farbigkeit. Eine Terrasse umgibt das runde Wasserbecken im Zentrum. Sie liegt so geschützt, daß Arnolds hier schon im Frühling draußen sitzen können. Im Sommer stehen dort wärmebedürftige Kübelpflanzen, die dem Platz seinen mediterranen Charakter geben. Je nach Tageszeit und Sonnenstand können drei weitere, etwas erhöht liegende Plätze zum Sitzen gewählt werden. Jedem steht ein schirmförmiger Korkbaum

Oben links: Felsbrocken wurden zu einem kleinen Gebirge aufgetürmt, aus dem sich ein Wasserfall ergießt.
Oben: Eine mit Bambus verkleidete Pergola trennt den Japanischen Garten vom restlichen Grundstück ab.
Links: Trittsteine markieren den Weg um den See herum. Sie laden zum gemächlichen Gehen ein.

Ein schattiger Weg, der sogenannte Roji, führt in den japanischen Gartenteil. Wasserbecken und Steinlaterne dienen einer symbolischen Reinigung und sollen die Gedanken klären helfen, bevor man den Garten samt Teehaus betritt. Im Hintergrund blüht Schaumblüte (*Tiarella cordifolia*).

Um das Teehaus herum erwacht der Tag. Im Vordergrund blüht rot der Rhododendron 'Campfire'. Dahinter öffnet Rhododendron 'Blaauw's Pink' seine kräftig rosa Blüten. Im Wasser spiegeln sich Kiefer und Hainbuche.

Um ein rundes Wasserbecken entstand ein mediterraner Senkgarten. In seinem Schutz gedeihen viele südländische Kübelpflanzen. Auf den erhöht liegenden Beeten macht sich eine farbenfrohe Staudenflora breit.

Oberhalb des Senkgartens sind an drei Seiten gepflasterte Plätze eingelassen, die je nach Tageszeit zum Sitzen und Ausruhen einladen. Sonnenschirme sowie schirmförmige Korkbäume (*Phellodendron amurense*) spenden dort jeweils Schatten.

Eine üppig bewachsene Staudenrabatte legt sich wie ein Farbband um den Senkgarten. Im Westen lodert sie in Rot-, Orange- und Gelbtönen von Indianernessel (hier die Sorte 'Squaw'), Taglilie (hier die Sorte 'Mallard'), Schafgarbe (hier die Sorte 'Walter Funke') und Sonnenauge (hier die Sorte 'Mars').

Oben: Einen schönen formalen Kontrast bilden die Blüten der Indianernessel 'Squaw' und der Kugeldistel (*Echinops ritro* 'Veitch's Blue').
Links: Taglilien gehören zu den Lieblingspflanzen der Arnolds. Hier präsentiert sich die Sorte 'Top Priority' mit der Schafgarbe 'Walter Funke'.

Oben: Am Brunnen muß der Besucher sich entscheiden, ob er links oder rechts herum um den Senkgarten gehen will.
Rechts: Ein Zierquittenzweig (*Choenomeles*) legt sich über das Laub der Schattenblume (*Smilacina racemosa*).
Oben rechts: Der Anzuchtgarten ist für die Arnolds zugleich Experimentierfeld. Hier werden neue Pflanzen und Farbarrangements ausprobiert.

(*Phellodendron*) zur Seite, der leichten Schatten spendet.

Als Farbband legt sich eine üppig bewachsene Rabatte mit einer Pergola als Rückgrat um den Senkgarten. Nach Westen hin changieren die dort blühenden Stauden in einer Abfolge von sanften Creme- und Gelbtönen zu kräftigem Orange und Rot. Im Osten ziehen sich die Farben von Rosa nach Purpur hin. Dazwischen schillern die Blüten diverser Rosen, Klematis, Wein, Wisterien und Buddleien, die im Hochsommer Unmengen von Schmetterlingen anziehen. Jenseits des Weges, der um das Rondell herumführt, gedeihen Rittersporn, Sommersalbei, Indianernesseln und vor allem Taglilien mit leuchtenden Blüten. Sie sind die Leidenschaft von Inez Arnold. Ihre Sammlung umfaßt rund 125 verschiedene Sorten, darunter schon eigene Züchtungen.

Vom Haus aus kann man bis zum Rondell mit seinem Senkgarten sehen. Da die Pergola nur stellenweise berankt ist, bleibt sie transparent. „Wir haben bewußt auf dichte Hecken im Garten verzichtet, damit wir auch aus der Ferne das Farbspiel der Staudenpflanzungen genießen können", sagt Inez Arnold. Auf dem Weg zum Haus hin öffnet sich eine Rasenfläche, in der drei größere Bäume wachsen. Dieser Teil heißt „Laar", was übersetzt so viel wie Lichtung bedeutet. Diese nimmt hier etwa die halbe Breite des Gartens ein. Ihr gegenüber befindet sich spiegelbildlich eine Fläche mit hohen Staudenbeeten und einem etwas dahinter verborgenen Anzuchtgarten, zu dem Frühbeete, Schattentunnel und Komposthaufen gehören. Dieser ist zugleich Experimentierfeld, auf dem Farbzusammenstellungen und Pflanzennachbarschaften ausprobiert werden. Nachdem nun das grundlegende Gestaltungsprogramm abgearbeitet ist, tritt neben die alljährliche Pflege das Verfeinern einzelner Arrangements: „Während wir den Garten unterhalten, zum Beispiel Stauden beschneiden und Sträucher auslichten, arbeiten wir weiterhin als Gestalter“, sagt Frans Arnold. Ihre erste Japanreise hat sie darin bestätigt. Gleichgewicht und kompositorische Bezüge der Gärten dort – viele hatten schon lange Patina angesetzt – müssen jedes Jahr neu hergestellt werden. Die besten Anlagen werden so mit den Jahren immer subtiler – ein niemals endender Prozeß.

Von Anfang an war für die zwei Holländer klar: Sie wollten einen Garten gestalten, den sie das ganze Jahr hindurch erleben können. Deshalb entstand unmittelbar vor dem Haus der sogenannte Wintergarten. Hierbei handelt es sich nicht um einen Glasanbau, sondern um eine Pflanzung unter freiem Himmel, die ihren Höhepunkt zwischen Oktober und April hat und vom Wohnzimmer aus zu überblicken ist – eine umfangreiche Sammlung winterblühender Gewächse vom Herbstkrokus über Schneeball, Christrose, Zaubernuß (*Hamamelis*) bis zu all den Zwiebelblumen im Frühjahr.

Vor dem Haus befindet sich auch noch ein kleiner Gartenhof, etwas versteckt zwischen Garage, zwei alten Schuppen und Eibenhecke zum Nachbarn. Ein ruhiger, intimer Ort mit einem großen Walnußbaum sowie Wegen und Beeten, die nach dem Muster eines kleinen, annähernd symmetrischen Bauerngartens angelegt wurden. Im Frühsommer blühen hier Iris und Päonien, Akelei hat sich auf den Flächen versamt, und Zierlauch schwenkt seine runden Köpfe zum Gruß. Stundenlang könnte man hier auf der Holzbank verweilen – nicht ahnend, daß dies doch erst der ganz unspektakuläre Vorhof ist zu einer Gartenanlage, die ihresgleichen sucht.

Focus: Einen Japanischen Garten anlegen

Den Geist eines Japangartens erlebt man am besten, wenn man einen solchen besucht. Dazu braucht man nicht ins Ursprungsland zu reisen. Denn öffentliche Japanische Gärten gibt es in fast jeder größeren deutschen Stadt. Dort können Sie erfahren, wie das Bewußtsein sich verändert, wenn die Füße über Steine balancieren müssen. Und Sie werden merken, ob Sie sich für den eher spröden Charme dieser Anlagen begeistern können.

Über die Hintergründe des östlichen Gartenstils erfahren Sie viel aus Büchern. Die helfen Ihnen, sich schließlich zu entscheiden, ob Sie einen echten Japanischen Garten anlegen oder bloß asiatische Elemente in den Garten einbringen wollen. Wer den Reiz des Authentischen bevorzugt, muß sich dann noch über die Stilrichtung klar werden. Soll es ein eher naturalistischer Teichgarten werden oder ein puristischer Kiesgarten mit großen Steinen und wenigen Pflanzen?

Einen Garten anlegen heißt auf japanisch „ishi wo tatsu“ und das bedeutet übersetzt „Steine aufstellen“. Die Japaner verehrten sie früher als göttliche Wesen. Heute noch spricht man ihnen eine Seele zu. Unbearbeitete Steine sind das Gerüst eines jeden Japangartens. Die Kunst besteht darin, sie richtig zu plazieren.

Pflanzen spielen in den meisten Gärten nur eine untergeordnete Rolle. Stellenweise sollen streng beschnittene Sträucher sogar nur Steinsetzungen imitieren. Von den Bäumen werden meist ausgewachsene Exemplare gepflanzt. Regelmäßiges Beschneiden konserviert ihre Gestalt, wie zum Beispiel bei den Kiefern. Denn sie sind Teil eines ideellen Landschaftsbildes, das sich wie ein Gemälde nicht verändern soll. Der Wechsel der Jahreszeiten hingegen soll intensiv erlebt werden, vor allem die Kirschblüten im Frühjahr und die Laubfarben des Ahorns im Herbst.

Bambus ist in Japan ein die Landschaft prägendes Element. Deshalb fehlt er in keinem Garten. Außerdem symbolisiert das Riesengras für die Menschen zwei ideale Charaktereigenschaften: Seine straffen, aufrechten Halme stehen für Gradlinigkeit. Und das immergrüne Laub repräsentiert Beständigkeit. Blütenpflanzen wie Azaleen, Päonien, Hortensien und Iris setzen in den Gärten wohl dosierte Farbakzente. Sie werden wegen der Schönheit ihrer Blüten geliebt und weil sie zugleich das Moment der Vergänglichkeit ins Bewußtsein rufen.

Wer selbst einen Japanischen Garten anlegen möchte, sollte sich vor allem Zeit nehmen. Entscheidend ist, sich in die einzelnen Elemente genau hineinzudenken. Deshalb: Überstürzen Sie nichts, denn das wäre ein Kardinalfehler.

Ein Fest der grünen Phantasie

Hildegard Caesar liebt Gewächse mit auffälligem Laub. Sie fügt zarte Farben ein und setzt Kontraste. So schafft sie stille Bilder voller Harmonie.

Seit mehr als 20 Jahren verändert sich der Garten von Hildegard Caesar jedes Jahr ein bißchen. Pflanzen und selbst Wegplatten wechseln immer wieder einmal den Platz – so wie bei anderen Leuten die Möbel im Haus. Doch nicht das Nacheifern modischer Trends ist für die gebürtige Westfälin ausschlaggebend. Vielmehr reagiert sie damit auf ganz natürliche Prozesse. Bäume dehnen sich aus, andere verschwinden von der Bildfläche, der Verdrängungswettbewerb in den reich bepflanzten Beeten muß reguliert werden. Und natürlich treibt sie auch ihr eigener, unbändiger Gestaltungswille zu immer neuen Experimenten an.

Als Hildegard Caesar vor 20 Jahren mit ihrer Familie in die Wohnsiedlung im nördlichen Ruhrgebiet zog, stieß sie hinter ihrem Bungalow auf einen Garten, den die Vorbesitzer im typischen Stil der siebziger Jahre angelegt hatten: Waschbetonplatten, Serbische Fichten und Schwarzkiefern um eine große eckige Rasenfläche. Ein Schock für sie, die schon als Kind „blumensüchtig“ war, wie sie sagt. Doch anstelle eines radikalen Umbruchs entschied sie sich dafür, den Garten in kleinen Schritten zu verändern. Vor der grauen Betonmauer an der Terrasse entfernte sie als erstes eine Reihe Waschbetonplatten und pflanzte Efeu. Die nächste Reihe Platten mußte japanischen Azaleen weichen. Der Efeu überrankte bald nicht nur die Mauer, sondern erklomm auch eine Holzpergola, die ihr Mann Jürgen Caesar darauf montiert hatte. Die immergrünen Ranken wurden ineinander verflochten. Aus der brusthohen Betonmauer war innerhalb weniger Jahre ein Stück bewachsene Architektur geworden – mit „Fenstern“ darin, die einen Blick nach draußen auf ein damals freies Grundstück erlaubten. Wünschte das Ehepaar Caesar keinen Einblick, wurde eine „Gardine“ aus Efeu vorgezogen. Inzwischen ist das Nachbargrundstück bebaut, und in die Öffnungen wurden Spiegel eingepaßt.

Von der Terrasse sieht der Garten heute wie ein dicht gewebtes, großes Blumenbeet aus, in dem einige Bäume wachsen. Die eigentliche Struktur erschließt sich erst im Winter so richtig. Sie besteht aus zwei Rasenflächen, einem Wegenetz, vielen gerüstbildenden Gehölzen, wie den zu Kugeln geschnittenen Buchsbäumen, und immergrünen Stauden. Der Charme des Gartens bleibt also auch im Winter erhalten, wenn die Farben der Blumen fehlen. Das liegt an Hildegard Caesars Gestaltungsprinzip. Sie nennt es „B+B“. Das steht für Buchsbaum und Bergenie, zwei Gewächse, die vor allem durch ihre unterschiedlich großen Blätter wirken. Der Einsatz von Laubtexturen ist also ein zentrales Kompositionsmittel. So stehen auch Funkien in direktem Kontrast zu schmalen, aufrechten Blattpflanzen wie Iris. Oder zu den filigranen Wedeln der Farne. Unabhängig von Blütenfarben entsteht so ein Zusammenspiel von Grüntönen und grünen Formen, das eine interessante Grundspannung erzeugt.

Als weiteres Mittel nutzt die Westfälin das Prinzip der Wiederholung. Die Buchskugeln stehen meist zu dritt nebeneinander oder diagonal hintereinander. „Mühlenoptik“ nennt sie das, weil es sie daran erinnert, daß sie als Kind mit Vorliebe Mühle gespielt hat. Schließlich hat sie längs in den Garten drei Achsen gelegt. Die beginnen als Weg, werden meist von Rosenbögen überspannt und enden mit einem optischen Schlußpunkt. Bögen samt den daran wachsenden Kletterrosen verstärken das Raumgefühl

ebenso wie diverse Rosenhochstämme und zwei Gold-Robinien, die ebenfalls in der Flucht der Achsen stehen. Diese drei Ordnungsprinzipien, Blatttexturen, Mühlenoptik und achsiale Gliederung, geben dem Garten ein Gerüst, in dem sich die Farben entfalten können, ohne zu einem bunten Durcheinander zu werden. Hildegard Caesar liebt zarte Töne, wie sie in englischen Cottage-Gärten üblich sind. Rosen in Weiß, Rosa und Lachsfarben, viele verschiedene Klematissorten, hauptsächlich in den Farben Purpur, Violett, Hellblau und Weiß. Dazu unterschiedliche Sorten von Iris, Storchschnabel, Frauenmantel, Päonien, Hortensien, Zierlauch, Leinkraut und Baumlupinen aus England, um nur einige Arten zu nennen. Sie beschränkt sich bei ihrer Auswahl auf wenige, aber ausdrucksstarke Spezies, mit denen sie gut komponieren kann. Sammelsurien sind ihre Sache nicht. Um die Pflanzen gut in den Beeten erreichen zu

Schon das Frühjahr taucht den Garten in ein Meer von Farben. Hier blühen unter anderem die gefranste Tulpe 'Blue Heron', der Ginster 'Zeelandia', die orangerote Himalaja-Wolfsmilch (*Euphorbia griffithii* 'Dixter') und Azaleen.

Zwei Gold-Robinien (*Robinia pseudoacacia* 'Frisia') rahmen einen kleinen Sitzplatz. Im Hintergrund blüht die rosafarbene 'Marguerit Hilling', eine der frühesten Strauchrosen.

Oben: Auch die Hauskatzen haben einen Ruheplatz im Garten bekommen.
Links: Die fröhliche Frühlingsrunde besteht aus den Tulpen 'Snow Star', 'Prinzess Irene', der Gelbrandfunkie *Hosta Fortunei-Hybride* 'Albopicta' und Vergißmeinnicht.

Oben: Die Putte mit dem großen Fisch im Arm hat ihren Platz zwischen Storchschnabel, Frauenmantel und Eisenhut gefunden.
Rechts: Früher bestand die Terrasse am Haus aus einer eintönigen Waschbetonplattenfläche. Zunächst hat Hildegard Caesar einzelne Plattenreihen aufgenommen, um dort Pflanzen unterzubringen. Später wechselte sie zudem einzelne Platten gegen Natursteinpflaster aus. Die brusthohe Betonmauer auf der Grundstücksgrenze ist heute hinter Efeu verschwunden, der an einer Pergola hochgeklettert ist. Ehemalige Fensteröffnungen im Efeu füllen jetzt Spiegel aus.

können, liegen dort Trittsteine, oder es führen schmale Wege hindurch.

„Das Arbeiten im Garten gibt mir Energie. Auch nach zehn Stunden fühle ich mich nicht müde. Im Gegenteil, dann ist meine Batterie erst wieder richtig aufgeladen.“ Wer so redet, hat sich mit ganzer Seele dem Gärtnern verschrieben. Klar, daß das Grundstück bis in die letzte Ecke beackert wird. Viele Töpfe mit Pflanzen stehen zusätzlich in den Beeten, auf Wegen und dicht an der Hecke, wo sonst gar nichts mehr wachsen würde. Klar auch, daß ihr Mann über so viel Eifer zuweilen den Kopf schüttelt. Dennoch ist er ihr stärkster Verbündeter, wenn es darum geht, komplizierte Ideen in die Tat umzusetzen. Als zum Beispiel von dem Schwimmbad ein Stück als Teich abgeknapst werden sollte, hat er die Umsetzung in die Hand genommen. Rosenstützen fertigt der Bergbau-Ingenieur aus kupfernen Heizungsrohren und drechselt aus Besenstielen die hübschen Spitzen dazu. Auch ihrem „Kugeltick“ hat er sich willig ergeben. Diverse Kugeln aus Buchsbaum, Ton und Sandstein waren im Garten schon vorhanden. Er formte welche aus Beton. Der Clou seiner Kugeln: Das Material, ein Zement-Sand-Torf-Gemisch, überzieht sich nach kurzer Zeit mit hübschen Moospolstern. Schließlich entwarf er noch ein spezielles Gerät zum Unkrautjäten, den sogenannten „Gartenfinger“, der mittlerweile im Freundeskreis und unter Nachbarn eine kaum zu stillende Nachfrage entfacht hat.

Anregungen holt sich Hildegard Caesar unter anderem auf Reisen. Sie besucht mit anderen Stauden- und Rosenfreunden Gärten in ganz Europa. Kehrt sie dann auf ihre relativ kleine Fläche zurück, hätte sie auch gerne mehr Platz zur Verfügung. Früher hat sie auch noch Teile eines benachbarten Grundstücks in einen blühenden Naturgarten verwandelt. Bis dann die Baufahrzeuge anrückten. Mittlerweile ist ihr Grundstück an drei Seiten von Nachbarn umgeben. Um die angrenzende Grünkulisse doch noch etwas zu ihren Gunsten zu beeinflussen, bietet Hildegard Caesar Beratung und Hilfe in Gartenfragen an. So hat sie schon jenseits des eigenen Gartenzauns eine Schwarzkiefer gegen einen Katsurabaum (*Cercidiphyllum japonicum*) sowie eine Serbische Fichte gegen eine Blutpflaume austauschen können. Nicht nur das farbige Laub gefällt ihr jetzt viel besser. Nun dringt auch wieder mehr Licht in Teile ihres eigenen Gartens.

Wenn sich im Frühjahr grünweißes Laub der Schneefederfunkien (*Hosta undulata* 'Univittata') inmitten einer Gruppe grünweißer Tulpen der Sorte 'Spring Green' entfaltet und der frische Austrieb einer Blaublatt-Funkie (*Hosta sieboldiana*) sich allmählich unter den wintergrünen Wedeln des Schildfarns (*Polystichum aculeatum*) hervorschiebt, freut die Gartenkünstlerin sich über diese gelungenen Paarungen. Sie sind Ansporn für neue kreative Experimente. Nie möchte sie das Gefühl haben, mit dem Garten fertig zu sein. Er bleibt ihr Trainingsplatz für schöpferische Phantasie.

Focus: Weggestaltung

Mit dem 70er-Jahre-Bungalow übernahm Hildegard Caesar auch Hunderte der damals weit verbreiteten Waschbetonplatten. Sie pflasterten mit dem typischen Kieseldekor Eingangsbereich, die Terrasse vor dem Wohnzimmer und den kleinen Innenhof zwischen Wohntrakt und Garage. Eine Altlast, die ihr zunächst Kopfschmerzen bereitete. Sie löste das Problem, indem sie die Platten einfach mit in die Umgestaltung einbezog.
Zunächst wurden die Flächen verkleinert. Platten verschwanden reihenweise, Beete traten an ihre Stelle. Dann wurde allmählich die Monotonie des Belages aufgebrochen. Zum Glück besitzen Caesars zwei Plattenvarianten: viele mit heller und einige mit dunkler Oberfläche. Die konnten sie in Mustern verlegen. Als die dunklen Exemplare aufgebraucht waren, haben sie einen Teil der Platten einfach umgedreht. Jetzt entstand Abwechslung nicht mehr nur durch unterschiedliche Farbigkeit, sondern auch durch Unterschiede in Material und Textur: einerseits glatter Beton, andererseits raue Kiesel. Das Prinzip hat Hildegard Caesar im Laufe der Zeit verfeinert. Jetzt wurden auch Streifen von Natursteinpflaster und große Kiesel in den Verbund eingefügt. Dann bekam sie von einer Freundin quadratische Eisenplatten geschenkt, die eine Metallwarenfabrik ausrangiert hatte – richtige Sammlerstücke. Auch die wurden Bestandteil eines Gartenwegs.
Hin und wieder blieben zwischen den Platten kleine Aussparungen bestehen, in denen Pflanzen wachsen. So quillt Frauenmantel stellenweise aus Wegefugen. Feine Polster mit Römischer Kamille (*Chamaemelum nobile*) füllen Lücken und bilden ein grünes Patchwork. Sie duften, wenn man sie betritt. In England ist so eine Gestaltungsweise weit verbreitet. Folgende Pflanzenarten bieten sich für die Bepflanzung von Fugen an: Teppichkamille (*Matricaria caucasica*), Kugelblume (*Globularia cordifolia*) und das graublättrige Habichtskraut (*Hieracium pilosella*) bilden ebenfalls zusammenhängende rasenähnliche Flächen. Zu kleineren Polstern entwickeln sich die niedrigen Thymianarten wie *Thymus serpyllus* und der etwas höhere Zitronenthymian (*Thymus citriodorus*). An leicht schattigen Stellen fühlen sich Walderdbeeren (*Fragaria vesca*) wohl.

Blumenstück in drei Akten

Für ihren langen, schmalen Stadtgarten entwickelten Jan van Opstal und Jo Willems eine Dramaturgie zwischen Waldeinsamkeit und Farbgewitter.

Der Gegensatz ist frappierend: vorne die schmucklose Fassade eines unscheinbaren Hauses und auf der Rückseite ein kunstvoll gestalteter Grünraum. Früher gehörte das ganze Grundstück zu einem ärmlichen Bauernkotten, in dem Mensch und Vieh unter einem Dach lebten. „Das lange schmale Stück Land mußte damals alle ernähren“, erzählt Jan van Opstal. Heute bewohnen er und sein Freund Jo Willems das Haus in der südholländischen Stadt Maastricht, wo beide am Theater beschäftigt sind. Gemeinsam verwandelten sie Weide- und Gemüseland in einen Garten voller überraschender Momente.

1. Akt: Die ersten Beete legten die beiden vor rund 17 Jahren unweit des Hauses um eine große Esche herum an. Efeu, Farn und Funkien rahmten ein unter die Baumkrone gepflastertes Rondell. „Wir lieben die ruhige Atmosphäre, die das üppige Grün großer Bäume ausstrahlt“, sagt Jan van Opstal. Als ein Sturm die Esche aus der Erde riß, hätten sie am liebsten alles hingeworfen. Heute füllen drei stattliche Platanen, von einem Kran über das Haus gehievt, diese Leerstelle. Sie säumen das erste kreisförmige Segment des Garten. Im Zentrum ist eine alte Tischplatte aus Stein in den Boden eingelassen, eine Art Gedenkstein für die Esche.

Von der Terrasse aus entstand an der Grundstücksgrenze eine lange Rabatte. Sie beginnt in blau-violetten Tönen mit Lavendel, Storchschnabel der Sorte 'Johnson's Blue' und Zierlauch. Dann geht sie allmählich in pinkfarbene und rote Blütentöne über – gefällige Farbkompositionen, zu denen Bücher und Magazine das Vorbild lieferten. Damit sollte der Ziergarten damals fertig sein. Der Rest des rund 1500 Quadratmeter großen Grundstücks war als Auslauf für die Gänse und Hühner vorgesehen. Doch nicht lange. Die Freude am Gärtnern trieb die beiden Kreativen schon bald zu neuen Taten.

2. Akt: Wie ein cineastischer Kameraschwenk Spannung erzeugt, indem er langsam Bild für Bild aneinanderreiht, so entwickelten die beiden Holländer eine Wegführung, die suksessive einzelne Szenen offenbart, je weiter man in die Tiefe des langgestreckten Gartens vordringt. Um dessen Schlauchform zu verbergen, schufen sie Kurven. Die erste mündet in einen eher engen Laubengang aus Rosen. Unter den Sorten 'New Dawn' und 'Albéric Barbier' muß man den Kopf einziehen, damit ihre Stacheln keine blutigen Schrammen hinterlassen. Kurze Hecken und geschickt positionierte Sträucher öffnen den Blick zum nächsten Gartenteil erst dann, wenn der Weg nach dem letzten Rosenbogen wieder seine Richtung ändert. Und schon betritt man den Wassergarten.

Während die Schritte zuvor im Kies knirschten, werden sie nun auf einem geklinkerten Untergrund leiser. Bewegungslos ruhen Blätter und Blüten der Seerosen auf dem Wasser. Sterndolden, Frauenmantel und Schildblatt (*Peltiphyllum peltatum*) säumen die Ufer, die sich hinter der nächsten Biegung ins Ungewisse verlieren. Erst vom Holzsteg aus, der das Wasser überquert, wird der zweite Teich sichtbar, den eine Gruppe Ahorne und einige Weidenblättrige Birnen (*Pyrus salicifolia*) beschatten. In diesem Teil des Gartens überwiegen zunächst weiße und gelbe Töne, hinter dem Steg rücken Rosa, Grau und Kupfer in den Vordergrund. Von einer hohen Buchenhecke halb eingefaßt, erhebt sich einige Stufen über dem Ufer ein runder Sitzplatz mit Bank. Von hier aus fällt der Blick auf einen Lau-

bengang, der zwischen zwei Lindenkreisen entstanden ist. Buchskugeln unterschiedlicher Größe türmen sich darum zu einer wallartigen Abgrenzung. Farnpflanzen und Funkien sprießen wie Fontänen zwischen ihnen hervor. Eine niedrige Buchshecke umschließt im Inneren einige Helleborusarten und eine kleine Rasenfläche. Der Weg besteht aus altem Kopfsteinpflaster, das ein Straßenbauamt günstig abgegeben hat. „Hier haben wir nochmals unsere Vorliebe für Strukturen, Blattpflanzen und waldartigen Schatten ausgelebt", sagt Jan van Opstal. Mit dem Lindenrondell sollte nun eigentlich die Anlage des Gartens endgültig abgeschlossen sein – doch eine Reise nach England änderte alle Vorsätze.

3. Akt: „Spiegelborder" nennt man dort zwei Rabatten, die durch einen Weg geteilt werden, jedoch von der Bepflanzung her ähnlich aussehen. Opstal und Willems schufen eine Spiegel-

Vor der Terrasse entstand eine lange Rabatte in blauvioletten Tönen. Sie zieht sich in die Tiefe des Gartens hinein. Parallel zum Lavendel blüht der Zierlauch *Allium christophii*. Von dem doppelt so hohen *Allium* 'Mars' leuchten noch die Fruchtstände in der Sonne.

Oben: Im hinteren Teil des Teichgartens bietet die Staudenrabatte ein reizvolles Farb- und Formenspiel in Gelb-, Creme- und Grüntönen.
Rechts: Vor der Kulisse einer Blaublatt-Funkie kommen die braunroten Blüten von Sterndolde (*Astrantia major* 'Hadspen Blood') und *Nectaroscordum siculum* var. *bulgaricum* gut zur Geltung.

Die Terrasse am Haus liegt etwas erhöht, so daß man weit in den Garten blicken kann. Sie wird von niedrigen Buchshecken eingefaßt und das ganze Jahr mit diversen Pflanzen in Töpfen garniert.

Oben: In der Mitte des Platzes wuchs früher eine Esche. Ihn umgeben jetzt drei Platanen, Buchshecke, Funkien und Farne.
Rechts: Geißraute (*Galega officinalis*) und Schwertlilie (*Iris Barbata-Elatior* 'Blue Sapphire') erleben ein blaues Wunder.

Die Anlage endet in einem klassisch-formalen Bauerngarten, der durchaus barocke Anklänge hat. Der Maulbeerbaum im Zentrum wurde mittlerweile durch eine Skulptur ersetzt.

Oben: Ein Holzsteg führt in den hinteren Teichgarten, der vom silbrigen Laub der Weidenblättrigen Birne (*Pyrus salicifolia*) und durch die feinen Blütenstände des Riesenschleierkrauts (*Crambe cordifolia*) begrenzt wird.
Rechts: Rotlaubige Euphorbien und Schwarznesseln sind eine gewagte Farbkombination.
Rechts oben: Die Rottöne der „Spiegelborder" waren für viele Besucher zunächst gewöhnungsbedürftig.

border aus Gewächsen mit ungewöhnlichen Blütenfarben: Tulpen, Christrosen und Stiefmütterchen in Schwarzviolett, dazu rostbraune Stachelnüßchen (*Acaena microphylla* 'Kupferteppich') dominieren das Frühjahr. Später übernehmen viel dunkles Purpur von Dahlien, Rosen, Schwarznesseln (*Perilla frutescens* 'Nankinensis') und Rizinusstrauch die Führung, gemischt mit knalligem Orange und Rot von Dahlien, Indischem Blumenrohr und Sonnenbraut. „Wir wollten ein bißchen provozieren und einen Kontrast zu den lieblichen Teilen des Gartens schaffen", gesteht Jan van Opstal. Viele Besucher zeigten sich damals zuerst irritiert. So etwas galt noch nicht als schön. Heute, mehr als zehn Jahre später, verzichtet kaum eine Gartenschau und kaum ein Botanischer Garten auf Rabatten in „schockierenden" Rottönen. Sie sind momentan die Modefarben des Gartens, die allerdings sparsam und mit viel Fingerspitzengefühl zu verwenden sind. Sonst brennen sie Löcher in die Beete.

Der klassische, formale Bauerngarten, der nun noch folgt, ist wieder konventionell gestaltet. In von Buchs gefaßten Karrees gedeihen bunte Blumen, duftende Kräuter, verschiedene Gemüse und an niedrigen Spalieren gezogene Birnenbäume. Im Zentrum wächst ein Maulbeerbaum, und das Gartenende markieren rosafarbene Blütenbüschel der Kletterrose 'Paul's Himalayan Musk'. Hinter dieser Grenze beginnt das, nunmehr arg geschrumpfte, grüne Reich des Federviehs mit einigen Obstbäumen darin. Die Grenzen dieses Areals haben die beiden Holländer seitdem nicht mehr angerührt.

In der hintersten Ecke des Gartens liegt der sogenannte Zuchtgarten, eine äußerst praktische Einrichtung. Hier darf es ruhig etwas unordentlich sein. Denn hier geht Arbeit vor Schönheit. Pflanzen werden geteilt, getopft, und Nachwuchs wird herangezogen. Auf einem Versuchsbeet müssen sich Zöglinge erst noch beweisen, bevor sie in den großen Garten übernommen werden. Meist handelt es sich um neue Sorten, die gegen andere ausgetauscht werden sollen. Etwa ein halbes Dutzend Neuheiten tragen so jährlich dazu bei, daß sich der Bestand der Rabatten allmählich ändert, obwohl die Farbkonzepte beibehalten werden. Mittlerweile sind viele Taglilien hinzugekommen. Auch wurden die Strukturen durch Immergrüne weiter geschärft, damit der Garten im Winter deutlicher Konturen zeigt. Das Platanenrondell nahe am Haus wird jetzt zusätzlich von einer Eibenhecke umschlossen. Säulenförmige Eiben machen auch die Grenze zu den Teichen noch markanter. „Wir haben zudem alle empfindlichen Gewächse und viele einjährige Blumen aussortiert", sagt Jan van Opstal. Sollte das Interesse etwa erlahmt sein? Ganz im Gegenteil. Durch diese Maßnahme haben sich die beiden viel Arbeit erspart, die sie nun in neue Projekte stecken wollen. So haben sie kürzlich eine benachbarte Weide dazugekauft – und damit geht das Blumenstück in seinen nächsten Akt.

Focus: Das Lindenrondell

Die beiden Holländer planten den runden Laubengang aus Linden und Buchsbaum als einen Bruch innerhalb ihrer Gestaltungs-Dramaturgie. Bis zu diesem Punkt hatten sich verschiedene Farbgärten aneinandergereiht. Jetzt sollte das Auge auf diesem grünen Gebilde ausruhen können, das die ganze Breite des Gartens einnimmt. Und nicht nur das Auge: Quer durch den inneren, sechs Meter breiten Kreis spannen die beiden ihre Hängematten, in denen sie sich unter dem Laubdach der Linden entspannen können.

Das Rondell wurde vor zwölf Jahren um ein Metallgerüst gebaut, bestehend aus acht Stützen außen und acht Stützen innen. Die Stützen, dreieinhalb Meter lange T-Profile, die jeder Baustoffhandel führt, sind einen halben Meter tief im Boden einbetoniert. Mehrere Meter lange Stahlstäbe verbinden sie untereinander. Ein Schmied hat sie umlaufend in etwa zwei und zweieinhalb Meter Höhe angeschweißt, wie auch die Metallschnörkel, die es ebenfalls als Fertigware im Baustoffhandel gibt. Hinzu kommt eine leichte Dachkonstruktion aus acht Streben. Alles zusammen hat damals weniger als 300 Euro gekostet.

Linden, hier ist es die Kaiser-Linde (*Tilia* x *intermedia* 'Pallida'), als Spalierbäume zu pflanzen, hat in Holland eine lange Tradition. Meist schmücken sie die Hausfronten und spenden ein wenig Schatten. So war es kein Problem an Bäume heranzukommen, die schon für das Spalier präpariert waren. Vier wurden in den äußeren, vier in den inneren Kreis gesetzt und Seiten- und Spitzentriebe an den Stahlstäben mit dünnem Draht fixiert. So lenkt man sie in die vorgesehenen Richtungen. Alles was darüber hinaus an den Bäumen wächst bzw. gewachsen ist, kappt man zweimal im Frühjahr, Mitte März und Anfang Juni, unmittelbar am Ansatz. Es sollten keine Stummel, sogenannte Kleiderhaken, stehenbleiben.

Dort, wo keine Spalierlinden verfügbar sind, verwendet man Heister oder Stammbüsche. Das sind baumartige Formen, die es von fast allen Gehölzarten gibt. Sie haben einen Stamm, seitliche Äste, aber keine richtige Krone. An ihnen werden alle nicht benötigten Triebe gekappt. Wer allerdings schöne gerade gewachsene Stämme möchte, sollte Hochstämme kaufen und die Teile der Krone wegschneiden, die für das Spalier überflüssig sind. Blattknospen, die nachträglich am Stamm austreiben, werden dann zu Seitenzweigen herangezogen.

Ein laubenartiges Rondell läßt sich auch aus diversen anderen Gehölzen gestalten, etwa aus Hainbuchen, Rotbuchen, Feldahorn, Weißdorn und Cornelkirsche. Für eine Laube sind auch andere Formen denkbar, etwa eckige, ovale und nur auf einer Seite geschlossene. Errichten Sie aber immer zuerst einen Unterbau aus Holz oder Metall, bevor Sie die Pflanzen eingraben. So entstehen schattige Plätze, an die man sich an heißen Tagen zurückziehen kann.

Räumliche Strukturen schaffen

In unserer Vorstellung ist ein Raum eine von vier Wänden umgrenzte Fläche, die oben durch ein Dach abgeschlossen ist. Er kann durch eine türartige Öffnung betreten werden. Häufig haben Räume Fenster. So kann man hinausschauen, das Außen betrachten, ohne den Raum zu verlassen.

Räume haben viel mit dem Bedürfnis nach Schutz und nach Geborgenheit zu tun. Nicht zufällig setzt man sich an fremden Orten zunächst am liebsten mit dem Rücken zur Wand. Das gibt Sicherheit. Gleichzeitig kann man beobachten, was um einen herum passiert, wachsam und gespannt. Oder man läßt das Treiben an sich vorüberziehen und versinkt in Träumereien, das beste Zeichen dafür, daß man dem Ort vertraut.

Räume strukturieren aber auch unser Lebensumfeld: Räumlich wahrnehmen heißt im weitesten Sinne, Orte, an denen wir uns bewegen, zu unterscheiden. Wenn wir aus der Haustür treten, sehen wir Bürgersteige, Fahrradwege und Straßen. Sie sind klar markiert. Manchmal bloß durch Striche auf dem Boden, durch unterschiedlichen Belag oder durch kleine Absätze wie die Bordsteine. Räumliches Wahrnehmen hat daher viel mit Orientierung zu tun. Um uns zurechtzufinden, brauchen wir Zeichen. Je stärker sich diese Zeichen in unser Blickfeld schieben, desto mehr Aufmerksamkeit erwecken sie – wie die Verkehrszeichen.

Auch ein Garten ist nicht bloß ein diffuser Grünraum. Im Gegenteil. Eine gute Gestaltung nutzt die verschiedenen Zeichensysteme wie Farben, Formen und Materialien und läßt dadurch klare Strukturen entstehen. Schon ein Weg durch eine Rasenfläche teilt diese in zwei Räume. Der Effekt verstärkt sich, wenn auf der einen Seite eine üppige Blumenwiese, auf der anderen aber kurzgeschorenes Gras sprießt. So gewinnt der Weg an Bedeutung, und der Anblick wird interessanter. Auch ein Sitzplatz im Garten kommt anders zur Geltung, wenn er sich durch den Bodenbelag von der Umgebung abhebt: Ein gepflastertes Rondell mit Tischen und Stühlen inmitten des Rasens wird schon optisch zum Raum. Eine hüfthohe Hecke als Rahmen betont diesen Eindruck. Dazu noch einige Kugelbäume, die als vertikale Elemente dazwischengesetzt werden und einen richtig gemütlichen Platz daraus machen.

Sichtachsen und optische Bezüge

Die Fenster eines Hauses sind wie große Augen. Wir lieben es, aus ihnen hinauszuschauen. Dann suchen wir etwas, woran sich unser Blick heften kann. Der optische Sinn ist bei uns Menschen am stärksten ausgeprägt. Die Pupillen sind ständig in Bewegung und saugen begierig Bilder auf. Die heutige Informationsgesellschaft setzt auf das optische Medium. Das hat diesen Sinn zusätzlich geschärft. Das Sehen im öffentlichen Raum ist von Interessen geleitet. Wir wollen wissen, was die Bilder für uns bedeuten. Zu Hause ist man davon weitestgehend befreit. Entspannung und Erholung stehen im Vordergrund. Dennoch bleiben wir auch dort in erster Linie optische Wesen. Das sollte bei der Gestaltung des Gartens berücksichtigt werden. Der Grünraum, der vom Wohnzimmerfenster, der Terrasse oder anderen Sitzplätzen aus zu überblicken ist, sollte als Bühne konzipiert oder als Bild komponiert werden – einfach uns zum Gefallen, weil wir neugierig sind und gerne schauen. Das Faszinierende ist, daß sich diese Bilder ständig verändern. Jeden Augenblick. Und wir haben selbst daran mitgewirkt: gepflanzt, gewässert, geschnippelt, gesät, gedüngt und gepäppelt. Nun

halten wir Ausschau, ob alles so wird, wie wir es uns gedacht haben.

Man muß schon gründlich planen, damit spannende Bilder entstehen. Der Betrachter muß von bewußt gestalteten Punkten angezogen werden; säulenförmigen Bäumen zum Beispiel, die Eck- oder Schnittpunkte betonen, also z. B. Treppen und Wegkreuze hervorheben. Die Aufmerksamkeit sollten kleine Szenen wecken, die sich um Skulpturen, Vogeltränken und Wasserspiele ranken können. Wichtig ist eine bewußte Ordnung, nach der sich Flächen und Pflanzen im Garten fügen. Stärkere Akzente wechseln dann mit ruhigen Partien. Das Auge muß von Attraktionen gereizt werden, aber es muß sich auch wieder entspannen können.

Formale Gestaltungshilfen sind Achsen, die die Fläche durchschneiden. Sie bestehen aus geraden Wegen, kleinen Alleen oder langgezogenen Wasserbecken, die den Blick auf einen Endpunkt hin lenken. Dort sollte der Betrachter etwas Auffälliges finden: eine Kübelpflanze, eine Bank, eine Skulptur oder eine Fensteröffnung in einer Hecke. Kann man dadurch den hellen Himmel sehen, vermutet man dort zugleich noch eine schöne Aussicht.

Hecken setzen innerhalb des Gartens klare Grenzen. Das Dahinterliegende wird meist verhüllt. Es ist gut, wenn sich nicht gleich alles vollkommen offenbart. Das macht neugierig und beschäftigt die Phantasie. Auch mit Farben lassen sich dramaturgische Effekte erzielen. Rot tritt hervor und genießt schnell die ungeteilte Aufmerksamkeit. Blau hingegen rückt in den Hintergrund und suggeriert dadurch Tiefe. Manchmal reicht es völlig, ausdrucksstarke Gewächse richtig zu plazieren, damit das Auge

Oben: Die Sonnenuhr markiert die zentrale Achse, die mitten durch die Rasenfläche läuft.
Links: Eine Öffnung in der Eibenhecke weckt das Interesse des Betrachters und macht neugierig auf das Dahinterliegende.
Oben links: Die weiße Bank ist ein reizvoller Schlußpunkt der Achse. Sie erhält durch die Kletterrose 'Clair Matin', die die Rosenbögen berankt, zusätzlich einen Rahmen.

nicht orientierungslos umherirrt oder sich einfach nur langweilt.

Ein besonderer Glücksfall ist es, wenn der Blick über die Gartengrenze hinausschweifen kann, wenn die angrenzende Landschaft reizvolle Aspekte bietet, die über Sichtachsen in den Garten geholt werden können. Diese optische Beziehung zur Landschaft hat man vor allem im englischen Landschaftsgarten gepflegt. Dort wurden Schneisen durch das Unterholz geschlagen, um die Aussicht auf Kirchtürme, Burgen und Seen vom Park aus genießen zu können. Heute können Öffnungen in der Grenzbepflanzung den Blick auf Viehweiden, einen Fluß oder ein schönes Tal freigeben. Hat diese Öffnung nur die Form eines Fensters, so wird das Stück Landschaft dahinter zu einem gerahmten Bild. Es unterstreicht das Charakteristische eines Gartens, wenn man ihn zu einem Bindeglied zwischen Haus und Landschaft machen kann. Eine bewußt gestaltete Beziehung zum Ort macht ihn unverwechselbar.

Vom Zeichenstrich zum Spatenstich

Sobald das Haus gebaut ist, führt oft einer der nächsten Wege in die Baumschule. Ganz oben auf der Einkaufsliste stehen Heckenpflanzen. Das Grundstück soll schnell eine sichtbare Grenze bekommen. Doch man sollte nichts überstürzen. Wie die Möblierung des Hauses sollte man auch die Gestaltung des Gartens planen, und die fängt bei den Hecken an. Anders als bei einem Haus fehlt bei einer unbestellten Gartenfläche noch die klare Aufteilung.

Den Wunsch nach schnellem Grün befriedigen Sie am besten mit einer Gründüngung. Meist haben Baufahrzeuge den Boden ohnehin verdichtet. Nur tiefwurzelnde Pflanzen wie Lupinen, Senf, Ölrettich, Luzerne und die blaublühende Bienenweide *(Phacelia)* lockern den Boden wieder auf. Sie verhindern, daß der Rasen sich später bei Regen in einen See verwandelt und daß die empfindlichen Wurzeln vieler Zierpflanzen vor dem harten Untergrund kapitulieren. Lassen Sie ruhig einen Sommer mit diesen Pflanzen verstreichen.

Genau diese Zeit ist nötig, um sich vor dem ersten Spatenstich klarzumachen, wie Sie den Garten überhaupt nutzen und was Sie darin haben wollen. Bevorzugen Sie einen Wohnraum im Grünen, mit Rasenflächen, Grillplatz und lauschigen Winkeln zum Sitzen und Entspannen? Oder möchten Sie darin Kräuter, Obst und Blumen ziehen wie in einem Bauerngarten? Vielleicht aber sollen Seerosen, Schwertlilien, Rohrkolben und das Element Wasser den Ton angeben. Oder steht Ihnen der Sinn nach einer Mischung aus allem? Planen Sie am besten in räumlichen Einheiten. Diese können durch hohe bzw. niedrige Hecken, Wälle, Absätze im Gelände und Rankwände akzentuiert werden. Der Phantasie sind keine Grenzen gesetzt. Der Grundstücksgröße dagegen schon.

Vermessen Sie daher die Gartenfläche zunächst mit einem Maßband. Anschließend wird aus Längen und Breiten ein Plan im Maßstab 1:50 auf einen Bogen Papier gezeichnet. Ein Zentimeter auf dem Reißbrett entspricht einem halben Meter im Gelände. Nicht nur das Haus, auch die vorhandenen Bäume und Wege gehören in diese Zeichnung. Danach beginnt die Aufteilung in Bereiche. Hilfreich für eine harmonische Anordnung und Formung der Gartenteile sind Linien, die sich zwangsläufig ergeben, wenn man die Wände aller Gebäudeteile in den Garten hinein verlängert. So lassen sich Haus und Gartenformen aufeinander beziehen.

Einzelne Elemente wie Teich, Kräuterbeete, Sitzrondell und kleines Gewächshaus können auf ein Stück Pappe gezeichnet und ausgeschnitten werden. So können Sie die Modelle in den

Grenzen des Gartens hin und her schieben. Möchten Sie vom Wohnzimmer auf den Teich schauen, sollen die Kräuter nahe der Küche wachsen? Wenn diese Fragen geklärt sind, ergeben sich die Formen der Beete und der Verlauf der Wege meist von selbst. Abschließend wird der Plan vollständig gezeichnet. Er ist die Vorlage für die Arbeiten im Freien.

Mit Maurerschnur und Bambusstäben lassen sich die Umrisse von Teich, Wegen und Beeten auf dem Gartenboden abstecken. Mit Pflöcken und Schnüren können Sie Kreise und Ellipsen auf der Erde fixieren und rechte Winkel einmessen. Eine drei Meter und eine vier Meter lange Schnur bilden einen 90-Grad-Winkel, wenn sie mit einer fünf Meter langen Schnur zu einem Dreieck verbunden werden (siehe Zeichnung am Rand). Der Aushub aus dem Teich wird zu kleinen Wällen oder Hügeln aufgeworfen.

Hohe Pflanzen markieren Grenzen. Sie gehören an den Rand des Gartens, wo man sich gegen Blicke des Nachbarn schützen oder häßliche Wände verdecken will. Große Sträucher dürfen dort nicht stehen, wo sie einen Ausblick innerhalb des Gartens stören, wie auf den Teich oder zur Spielecke der Kinder. Um Blickrichtungen zu lenken oder zu verbergen, müssen Sie genau wissen, wie groß die Gewächse einmal werden. Licht und Schatten bestimmen die Auswahl von Blumen, Stauden und Gehölzen, die auf einem Beet wachsen. Fertigen Sie dafür einen Pflanzplan an, der Ihnen alle sonne- und schattenliebenden Pflanzen sortiert.

Jeder Winkel des Gartens kann anders genutzt werden. Sitzplätze, Wasserspiele, Kräuterbeete, Rosenpflanzungen und Spielecken gliedern das private Grün. Der optische Sinn dominiert zwar heutzutage, aber gerade in einem Garten werden auch einmal die anderen Sinne wie Tasten, Riechen, Schmecken und Hören angeregt.

Buchshecken bringen Ordnung in eine Sammlung von Rosen, indem sie diese wie auf kleinen Bühnen ausstellen (vorne rechts mit einfachen Blüten: *Rosa gallica*, vorne links: *Rosa gallica* 'Président de Séze').

Rendezvous mit Rosen

Rosen können im Wechsel mit großen Buchsbaumkugeln die Terrasse wunderbar rahmen. Dafür bieten sich besonders Rosenstämmchen an. In Staudenrabatten bilden mehrfachblühende Strauchrosen prachtvolle Blüteninseln. Dort sind sie als kontinuierliche Farbträger den Sommer über unverzichtbar. Mit kleinen, buschig wachsenden Rosen lassen sich Beete und Wege einfassen. Viele der neuen, zierlichen Züchtungen bleiben zudem ausgesprochen gesund. Das kann man von den Alten Rosen nur bedingt sagen. Ihr Schönheitsideal besteht allerdings in großen, schalenförmigen Blüten mit weichen Farbabstimmungen in Purpur-, Mauve- und vielen Rosatönen und berauschenden Duftnoten – Romantik pur. Ein Erscheinungsbild, das zu einer Renaissance historischer Rosen geführt hat. Mittlerweile läßt sich die Züchtung moderner Sorten davon glücklicherweise anstecken. Viele tausend Rosensorten sind allein heute noch

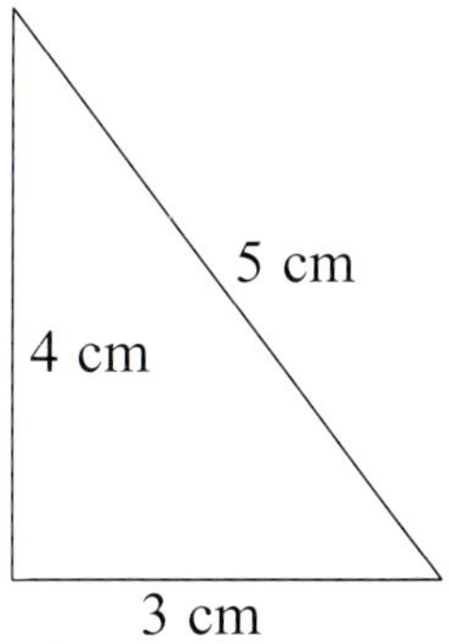

So läßt sich mit drei unterschiedlich langen Schnüren ein rechter Winkel einmessen.

Der Zierlauch *Allium* 'Purple Sensation' hat sich zur historischen Strauchrose 'Charles de Mills' gesellt.

Mit Fingerhut, Rittersporn und hohen Glockenblumen (*Campanula lactiflora*) läßt sich ein Hofstaat zu strauchartig wachsenden Rosen machen, wie zu der *Rosa gallica*, die allerdings nur einmal blüht.

Auch die zwei sind ein hübsches Paar: Waldglockenblume (*Campanula latifolia* var. *macrantha* 'Alba') und Strauchrose (*Rosa damascena* 'Mme Hardy') mit grünem Auge.

verfügbar. Wie viele Arten und Sorten in den zurückliegenden 2500 Jahren, in denen die „Königin der Blumen" Menschen der unterschiedlichsten Kulturen für sich begeisterte, entstanden sind, ist ungewiß. Eines aber läßt sich mit Bestimmtheit sagen: Wem diese Blume den Kopf verdreht hat, der wird leicht maßlos. Und er will immer mehr von ihnen besitzen. Er sollte daher seine Sammelwut beizeiten kanalisieren. Zum Beispiel in Form eines Gartens, der allein der Kollektion von Rosen vorbehalten ist, eines sogenannten Rosariums. Berühmte Vorbilder sind der Rosengarten von Schloß Malmaison, den die Kaiserin Josephine, die erste Gattin Napoleons, Anfang des 19. Jahrhunderts 15 Kilometer westlich von Paris hatte anlegen lassen. Oder das knapp 100jährige Europa-Rosarium Sangerhausen am Südrand des Harzes mit über 6500 Sorten und Arten. Nicht zu vergessen ist auch Mottisfont Abbey im englischen Hampshire, das eine der wichtigsten Sammlungen Alter Rosen beherbergt.

Klassische Gestaltungsformen für Rosarien prägen niedrige Buchsbaumhecken, die sich in ornamentalen Formen um die Rosenbeete herumziehen. Diese häufig geometrischen Rahmen stellen die Rosensträucher wie auf kleinen Bühnen aus. Niedrige Begleitpflanzen, z. B. Katzenminze, Storchschnabel, Frauenmantel und Glockenblumen, können die Flächen um die Rosen herum farbig füllen. Wichtig ist allerdings, daß dieser Hofstaat seiner Königin weder Wasser noch Nährstoffe wegnimmt. Man pflanzt diese eher anspruchslosen Stauden daher mit mindestens 50 Zentimeter Abstand vom Wurzelstock der Rose.

Eine Ecke für Kräuter

Wenn Sie einen Grundstock frischer Kräuter in der Nähe haben, können Sie beim Zubereiten und Dekorieren von Speisen aus dem vollen schöpfen. Das weiß die Familie zu schätzen, und spontane Gäste machen große Augen. Salat läßt sich noch schnell mit einem farbigen Basilikumblatt garnieren. Geschnittene Rosmarin- und Thymianzweige können das Grillfleisch würzen, Salbei gibt Gebratenem den besonderen Geschmack. Und frische Pfefferminzblätter verfeinern den eisgekühlten Sommerdrink.

Mittelmeerkräuter wie Salbei, Oregano, Rosmarin und Thymian brauchen einen sonnigen Platz auf einem möglichst durchlässigen Boden. Je wärmer und geschützter sie stehen, desto intensiver entwickeln sich ihre Aromen, spürbar als Duftschwaden, die an heißen Tagen die Luft durchziehen. Reizvoll sind auch ihre Blüten in Pastelltönen, die des Salbeis sind sogar kräftig violett gefärbt. Basilikum ist in unseren Breiten die Diva unter den mediterranen Gewächsen. Es beansprucht besonders viel Licht und Wärme. Junge Pflanzen sollte man bei naßkaltem Wetter sogar reinholen.

Südwände, Kiesflächen und große Gesteinsbrocken kommen dem Klimabedürfnis der Mittelmeerkräuter entgegen. Sie speichern Wärme und heizen damit die Luft auf. Zur Einfassung der Beete empfehlen sich Lavendel, Edelgamander (*Teucrium*), Heiligenblume (*Santolina*) oder Ysop, die sich wie Buchs in Form schneiden lassen.

Gar nicht scharf auf viel Sonne sind Minzen. Sie lieben vielmehr ein feuchtes Milieu, in dem sie sich mit ihren wuchernden Ausläufern schnell ausbreiten. Am besten bändigt man diese Stauden daher in großen Tontöpfen mit mindestens 25 Zentimeter Durchmesser. Darin werden sie direkt in den Boden eingesenkt. Die Ansprüche der Minzen sind mit denen von Petersilie, Liebstöckel, Borretsch und Dill vergleichbar. Auch optisch passen diese Küchenkräuter nicht zu den wärmeliebenden Südländerinnen. Sie sollten daher einen eigenen Platz im Garten bekommen, der durchaus etwas schattig sein darf.

Ganz im Zeichen von Kräutern und Heilpflanzen steht dieser Gartenteil. Alte Dachziegel fassen die einzelnen Segmente ein, und Rindenmulch belegt die Wege.

Der Gemüsegarten ist gestylt wie ein Ziergarten. Allein das Gros seiner Pflanzen dient dem Verzehr wie der Salat, der als zweifarbige Bordüre das quadratische Mittelbeet umgibt und die aufstrebenden Zwiebeln im Zaum hält. Auf der anderen Seite des Wegs hat Rhabarber seine großen Blätter entfaltet.

Ein königlicher Nutzgarten

Frankreichs Sonnenkönig liebte Superlative. Auch seine Gärtner bekamen das zu spüren: Im Januar wollte er Kopfsalat, im März Erdbeeren und Spargel, und spätestens ab Juni mußten frische Feigen die Tafel schmücken. Auf die war der König besonders scharf. Ganz so extrem müssen wir es nicht treiben. Aber die Lust am Ernten aus dem eigenen Garten nimmt in Feinschmeckerkreisen zu. Kein Wunder: Alles ist in jedem Fall frischer. Und ausgewählte Spezialitäten sind im Handel nur schwer zu bekommen. Dabei geht es nicht nur um Früchte. Gerade unter Blattgemüsen und Salaten gibt es mittlerweile eine Vielfalt unterschiedlicher Arten und Sorten. An Attraktivität können sie es mit so mancher Sommerblume aufnehmen. Der Trend heißt also: Lassen Sie bei der Planung der Sommerbepflanzung doch mal eine lukullische Idee sprießen. Setzen Sie Mangold statt Männertreu und Römersalat statt Ringelblumen. Um die Pracht nicht gleich zu zerstören, erntet man zu Saisonbeginn nur einige äußere Blätter und mischt sie mit anderen frischen Salaten oder Tomaten. Pflückt man diese reif von eigenen Sträuchern, übertrifft ihr Geschmack den der Früchte aus dem Supermarkt bei weitem.

Von Pflück-, Eichblatt- und Kopfsalaten gibt es rote und grüne Sorten, die im Wechsel gepflanzt schön aussehen. Die Gärtner im französischen Villandry, 15 Kilometer westlich von Tours, machen das seit Jahren vor (siehe auch 1. Kapitel). Sie zeigen, daß ein rekonstruierter Renaissancegarten allein durch Gemüse, das zu kunstvollen Muster gepflanzt wird, ein Publikumsmagnet werden kann. Natürlich spielen dort auf den Beeten auch Sommerblumen eine wichtige Rolle. Sie geben jedem Pflanzkarree einen farbigen Rahmen. Zusätzlich wird es von Obstspalieren eingefaßt – alles ganz symmetrisch. An den Spalieren gedeihen Äpfel und Birnen. Denkbar sind ebenso Kirschen, Feigen und Pfirsiche. Auf den britischen Inseln umgeben häufig mannshohe Mauern die Nutzgärten. In ihrem Schutz reift das empfindliche Obst selbst im feuchten Klima des Atlantiks.

So ist bei der Gartenplanung zu überlegen, ob Obst und Gemüse nicht einen festen Platz bekommen sollen. Einen eigenen geschützten Gartenraum, in dem sogar Citrusfrüchte in Kübeln gedeihen könnten. Ein weiteres traditionelles Vorbild liefern Bauerngärten. Auch in ihnen sind die Beete geometrisch angeordnet und meistens von niedrigen Buchsbaumhecken eingefaßt. Sommerblumen, die als I-Tüpfelchen im Salat oder in der Vase enden können, teilen sich den Platz mit Gemüsen und Kräutern. Ein farbenfrohes Potpourri, das den Augen schmeichelt und das Wasser im Mund zusammenlaufen läßt. Äußerst geschmackvoll eben.

Schwimmteiche kommen ohne chemische Zusätze aus. Ihre Fläche teilt sich in einen Schwimmbereich und eine Flachwasserzone mit Pflanzen, die das Wasser über ihre Wurzeln reinigen können.

Wasserbecken und Feuchtbiotope

Mittelpunkt des Gartens muß keineswegs immer die Rasenfläche sein. Ein Schwimmteich beispielsweise, der ohne Zusatz von Chemikalien auskommt, braucht mindestens eine Beckenfläche von 70 Quadratmetern. Rund die Hälfte davon entfallen auf den Schwimmbereich. Eine Unterwasserwand trennt ihn von den bepflanzten Zonen, in denen eine spezielle Vegetation das Wasser auf biologische Weise reinigt. Solch ein Pool nimmt eine zentrale Stellung ein, weil er schnell zum Lieblingsplatz für Familie und Freunde wird. Dort gibt es immer etwas zu beobachten, auch wenn gerade einmal nicht geplanscht wird.

Ein Biotop mit Teich und Sumpfbereich kann sogar nur zwölf Quadratmeter Grundfläche in Anspruch nehmen. Typisch sind seine ausgeprägten Uferzonen, die eine üppige Vegetation gedeihen lassen. Solch ein Feuchtbiotop paßt schon in eine Ecke des Gartens. Liegt es teil-

Die Form des Gartens gibt das geometrische Wasserbecken vor. Seine symmetrische Aufteilung läßt ihn wie einen verkleinerten Teil aus einem Stück Renaissancepark aussehen. Von einem geschützten Platz aus kann man die Ruhe dieses intimen Grünraums genießen.

Oben: Der Naturteich ist üppig eingewachsen. Seerosen und Tausendblatt (*Myriophyllum verticillatum*) überziehen die Wasseroberfläche mit frischem Grün. Links: Zur blauen Sitzgruppe gelangt man durch eine zum Bogen geformte Wisterie. Die rosa Blüten der Hochstammrose 'Bantry Bay' flankieren den Zugang.

Die Luftschaukel braucht nur einen Baum mit starkem Ast oder zwei Bäume, die ein Querbalken verbindet. Häufig sind die Mittel simpel, mit denen sich Kinderherzen zufriedenstellen lassen. Das höchste Glück bedeutet ihnen ohnehin eine verwilderte, abgeschiedene Ecke.

weise im Schatten, dann heizt sich das Wasser nicht so stark auf, und man hat weniger Ärger mit Eintrübungen und Algen. Wem das Risiko einer Teichanlage wegen kleiner Kinder noch zu hoch erscheint, der sollte an dem vorgesehenen Platz zunächst nur eine Mulde ausheben. Die kann als Abenteuerspielplatz dienen. Wenn die Kleinen dann schwimmen können, stellt man den Teich fertig.

Rechteckige Wasserbecken mit befestigten Rändern aus Holz oder Stein eignen sich besonders, um Gartenachsen zu betonen. Die Ufer bleiben unbepflanzt. So wird die geradlinige Form nicht gestört. Auf ihren glatten Wasserflächen soll sich vor allem der Himmel spiegeln. Falls Sie zum Bau solcher Becken keine Teichfolie, sondern Stein oder Beton verwenden wollen, sollten Sie unbedingt einen Fachmann hinzuziehen, der Dehnungsfugen einarbeiten kann.

Sprudelnde Wasserquellen lassen sich schon mit einfachsten Mitteln installieren. Man kann sie auf weniger als einem Quadratmeter auch ohne Teich betreiben. Wasserbecken mit Deckel, Pumpe und Fontänenaufsatz gibt es komplett im Handel. Kieselsteine kaschieren das in den Boden eingelassene Wasserreservoir. Der Klang des Wasserspiels richtet sich nach Untergrund und Fallhöhe. Ergießt sich der Strahl aus großer Höhe in tiefes Wasser, klingt es dunkel. Hell wird der Strahl, wenn das Wasser direkt auf Steine klatscht. Zu wenig Platz kann eigentlich nicht der Grund dafür sein, daß man auf das erfrischende Plätschern eines Springbrunnens im Garten verzichten muß.

Paradies für Kinder

Kinder lernen im Garten mindestens so viel wie im Biologieunterricht. Das Faszinierende daran: Sie entdecken die Natur völlig selbständig, ohne pädagogischen Zeigefinger. Voraussetzung dafür ist allerdings, daß der Garten noch verwunschene Ecken behalten hat. Denn ein perfekt angelegtes Terrain lähmt die kindliche Abenteuerlust und Phantasie. Besser als ein fertiges Spielhaus ist ein alter Baum, auf dem sich die Kleinen selbst eine Höhle bauen können. Oder ein verwildertes Gebüsch, das sie vor den neugierigen Blicken der Erwachsenen schützt. Optimal ist also ein wenig gestalteter Grünraum, in dem sich Kinder frei entfalten können.

Das ist in den Handtuchgärten heutzutage leider kaum noch möglich. Dort konkurrieren die kindlichen Bedürfnisse mit denen der Erwachsen. Doch natürlich gibt es Möglichkeiten, beiden Seiten gerecht zu werden. Ein Tipi aus Weiden befriedigt sicherlich die ästhetischen Ansprüche vieler Eltern, zumal wenn es mit blühenden Ranken, z. B. von Kapuzinerkresse, Wicken oder Klematis überwachsen wird. Und es hat die Qualität einer natürlich gewachsenen Höhle. Sandkisten stören die Optik der Gartengestaltung wenig, wenn sie zumindest teilweise von einer Pflanzung umgeben werden. Dafür bieten sich Sträucher wie Schwarze und Rote Johannisbeeren an. Dann bekommen die Kleinen genau mit, wie die Früchte allmählich heranreifen. Und sie haben zur Erntezeit gleich etwas zu naschen. Giftige Pflanzen wie Eiben sind hier natürlich völlig fehl am Platz.

Kaum etwas ist spannender als Wasser für Kinder. Die Wasserstelle braucht gar nicht tief zu sein. Zu entdecken gibt es auch im flachen Wasser eine Menge: Krötenlaich, Mückenlarven, Wasserlinsen. Und den Garten schmückt so ein kleiner Teich auch.

Wo Gemüsebeete vorgesehen sind, fällt es nicht schwer, auch eine Ecke für die Kinder abzuzweigen. Dort können sie Radieschen (wachsen besonders schnell), Salat, Möhren und Blühendes wie Ringelblumen einsäen und später stolz ihre Ernte präsentieren. Das funktioniert auch, wenn nur Töpfe zur Verfügung stehen. Diese haben sogar den Vorteil, daß man sie direkt am Haus aufstellen kann. So kann man leichter die Entwicklung der Pflänzchen beobachten.

Logenplätze

Machen Sie es sich auf der Terrasse bequem. Hier sitzen Sie in der ersten Reihe. Geboten wird Entspannung pur. Leicht verdauliche Unterhaltung: ein bißchen Blätterrauschen, leises Summen, Farbenspiele. Sie wünschen ein anderes Programm? Kein Problem. Zappen Sie sich kurz hinüber zum Teich: Wellenschlagen, Lichtreflexe, Libellenflug. Oder in den Kräutergarten: starkes Summen, ätherische Düfte, Urlaubsträume. Sie sehen, worauf es ankommt. Sitzplätze müssen im Garten reichlich vorhanden sein, möglichst überall dort, wo es schön ist. Zumindest sollte ausreichend Raum sein, sich mit einem Stuhl oder einer Liege dort niederlassen zu können.

Manchmal ist der optimale Sitzplatz gerade dort, wo die Sonne wärmt und wo man der Schönheit der Pflanzen am nächsten kommt, wie unter der blühenden Zierkirsche *Prunus serrulata* 'Miyako'.

Der Lauf der Sonne gibt in erster Linie den Ausschlag, wo man sich im Garten einen festen Platz einrichten sollte. Zu einem Frühstück unter freiem Himmel möchte man die Morgensonne genießen. Ob das Mittagessen an heißen Tagen draußen eingenommen werden mag, ist Geschmackssache. In jedem Fall sollte ein solcher Ort viel Schatten spenden. Zum Abend schaut man der Sonne besonders gerne hinterher. Wenn es die örtlichen Gegebenheiten möglich machen: freie Sicht bis zum Horizont.

Wichtig für einen Platz im Garten ist weiterhin, daß er möglichst vor Wind und fremden Blicken schützt. Das hat man weitestgehend selbst in der Hand. Richtig positionierte Hecken,

Diesen naturnahen Garten gliedern geschickt positionierte Baumgruppen. Sie verbergen Teile der Anlage und machen neugierig auf das, was dahinter kommt. Andererseits öffnen sie sich zu räumlichen Situationen.

Rankgerüste und vielleicht sogar Mauern können diesen Wunsch erfüllen. Manchmal dauert es vielleicht ein paar Wachstumsjahre, bis das Gefühl, auf dem Präsentierteller zu sitzen, dem der völligen Geborgenheit weicht.

Sonnige Plätze, die von Mauern und Hecken umschlossen sind, speichern die Wärme oft bis zum Abend. Hier sitzt man auch in der Dämmerung noch gemütlich. Pflanzen, die vor allem dann ihren Duft entfalten, machen sich an dieser Stelle besonders gut. Duftende Sträucher wie Flieder, Deutzie, Schneeball, Schmetterlingsstrauch, Geißblatt oder spezielle Rosensorten können Teil der schützenden Hecke sein. Duftspender sind auch Kübelpflanzen. Bleiwurz (*Plumbago*), Engelstrompete, Oleander und Wandelröschen (*Lantana*) führen die Sinne in ein Reich exotischer Aromen.

Naturnahe Gestaltung

Die Beispiele zeigten bisher vor allem klar gegliederte Raumkonzepte. Sie stehen in der Tradition architektonischer Gärten. Doch auch für eher natürliche Gärten gilt die Maßgabe, in räumlichen Einheiten zu denken. Auch hier spielt eine entscheidende Rolle, den Entwürfen eine Struktur zugrunde zu legen. Allerdings nutzt man dafür weniger die Mittel der Rahmen- und Raumbildung durch geschnittene Hecken, Mauern und Terrassierung. Vielmehr läßt man sich von der Natur inspirieren, von ihren Formen, Pflanzengemeinschaften und unterschiedlichen Landschaften. Ein Steppenbeet, ein Heidegarten, ein Alpinum und selbst eine Schattenpflanzung sind in sich geschlossene Einheiten, deren Eigenständigkeit klar akzentuiert werden kann. Sicher gibt es in der Natur eine Vielzahl von Übergängen, die die Grenzen nicht immer scharf erscheinen lassen. Doch die Natur verfügt über fast unbegrenzte Areale, die sich selbst regulieren. Der Garten hingegen ist ein limitierter Raum, der bewußt nach einem Plan gestaltet wurde. Vielleicht sieht das Ergebnis ursprünglich gewachsener Natur verblüffend ähnlich. Doch es bleibt idealisierte Natur, die nach festen Regeln geformt wurde. Auf Natürlichkeit zielende Gestaltungsansätze stehen im weitesten Sinne in der Tradition englischer Landschaftsgärten. Denn auch dort galt die Natur als Vorbild, aus der man kleine ländliche Szenen in die Gärten und Parks übertrug.

Lebensbereiche

Wer einen Garten einrichtet, sollte darüber nicht vergessen, daß Pflanzen sich nicht beliebig von einer in eine andere Ecke schieben lassen – anders als Möbel, Teppiche und Bilder in einem Haus. Das hat mit ihren speziellen Bedürfnissen

zu tun. Man nennt das auch „Standortansprüche". Diese bringen die Pflanzen aus der Natur mit. Eine Seerose würde niemals mit einer Strauchrose an gleicher Stelle gedeihen. Das jeweilige Nässebedürfnis ist einfach zu unterschiedlich. Das leuchtet ein. Schwieriger ist es, wenn es um Lichtverhältnisse, Trockenheitstoleranz und Nährstoffansprüche geht. Grob unterscheidet man Pflanzen, die gut im Schatten gedeihen, von denen, die sich bei wechselnden Lichtverhältnissen am wohlsten fühlen und solchen, denen selbst die pralle Sonne nicht schadet. Dafür wurden in Anlehnung an die Verhältnisse in der Natur bestimmte Lebensbereiche formuliert. Das gilt vor allem für Stauden, also krautige Pflanzen, deren Triebe im Spätherbst, manchmal auch schon unmittelbar nach der Blüte, vertrocknen. Im Frühjahr jedoch treiben sie wieder aus. Es sind also langlebige Gewächse, deren Gesundheit davon abhängt, daß sie sich an ihrem Standort wohl fühlen. Grund genug, sich mit den wichtigsten Lebensbereichen eingehender zu beschäftigen.

Waldstauden: Sie sind von Natur aus an das Schattenreich im Unterholz gewöhnt. Im Garten fühlen sie sich daher unter Bäumen wohl, die im Laufe der Jahre mächtige Kronen ausgebildet haben. Kühle Temperaturen und hohe Luftfeuchtigkeit sind ihr Lebenselixier. Das finden sie in einer Umgebung, in der Blätter das Sonnenlicht filtern. Aus den zersetzten Laubschichten saugen ihre Wurzeln Energie. Dazu brauchen sie ein lockeres, humoses Erdreich. Waldstauden sind an ihren häufig großen, dünnhäutigen Blättern zu erkennen. Farne, Elfenblumen, Funkien, Herbstanemonen, Haselwurz und Schaublätter gehören dazu.

Oben: Den Gehölzrand kennzeichnet der Übergang von Schatten zu Sonne. Besonders wohl fühlen sich hier Astilben.
Links: Standorte mit viel Sonne und trockenen Böden sind ein Fall für Steppenstauden wie Lavendel und den behaarten Wollziest (*Stachys byzantina*).
Links oben: Waldmeister, Farne und einige Storchschnabelarten sind von Natur aus Waldbewohner und kommen mit wenig Licht aus.

Sonnenbraut (*Helenium* 'Kupfersprudel') und Schafgarbe (*Achillea-Filipendulina-Hybride* 'Walter Funke') gehören in die Gruppe der Beetstauden. Sie brauchen einen nährstoffreichen, unkrautfreien Boden.

Stauden für den Gehölzrand: Sie verwandeln den Übergang von Bäumen und großen Sträuchern zum angrenzenden Rasen in einen farbenreichen Blütensaum. Denn diese Pflanzen stellen sich gut auf wechselnde Lichtverhältnisse ein. Halbschatten oder lichter Schatten sind für sie ideal. An diesen Standorten sollen sie mindestens zwei Stunden täglich Sonne genießen können. Den Schatten eines entfernt stehenden Hauses hellt das sogenannte diffuse Licht für diese Pflanzen auch noch ausreichend auf. Storchschnabel, Frauenmantel, Günsel und Astilben sind solche Wechselwähler.

Steppenstauden: Sie stammen von teils flachgründigen, karstigen Böden. Bäume und hohe Sträucher gibt es an ihren Naturstandorten nicht. Diese nennt man daher auch Freiflächen. Typisch sind blumenreiche Schotterbeete und Halbtrockenrasen. Nährstoffe sind dort eher Mangelware. Dafür gibt es reichlich Sonne. Viele dieser Staudenarten sind mittlerweile von Züchtern zu schönen Sorten entwickelt worden, die aber noch immer gut mit trockenen Böden zurechtkommen. Zu ihnen gehören Sommersalbei, Kerzenehrenpreis, Purpursonnenhut, Katzenminze, Heiligenkraut, Lavendel und Königskerzen.

Beetstauden: Der Begriff macht schon klar, daß ihr Lebensbereich in der Natur kein Vorbild hat, sondern im Grunde aus der gärtnerischen Retorte stammt. Durch langjährige Züchtung finden sich in dieser Gruppe die größten und farbigsten Blütenformen. Deshalb nennt man sie auch Prachtstauden. Von den optimalen Bedingungen verwöhnt, die ihnen im Laufe der Zeit gewährt wurden, wären sie ohne gärtnerische Hilfe hoffnungslos verloren. Beetstauden wollen als Individuen gehegt und gepflegt werden. Sie brauchen Sonne, den besten Boden, der frei von Unkraut ist, und müssen regelmäßig gedüngt und gewässert werden. Besonders beliebt sind Rittersporne, Pfingstrosen, Astern, Taglilien, Sonnenhüte, Indianernesseln, Sonnenbräute und Sommerphloxe.

Leitpflanzen

Jetzt geht es darum, wie man Ordnung in eine Pflanzung bekommt. Dafür gibt es das schöne Wort „Strukturpflanzen". Bestimmte Gewächse helfen uns also beim Strukturieren. Nur welche sind es, und wie findet man sie heraus? Eine Definition des holländischen Gartendesigners Piet Oudolf besagt, diese Pflanzen seien „ausgesprochene Persönlichkeiten. Ihre Form läßt sie gegenüber anderen Pflanzen hervortreten, und sie sind es, die eine Pflanzung optisch beherrschen". Diese Pflanzen müssen also besonders in Erscheinung treten, sie müssen „klar definierte, kräftige Strukturen" zeigen, wie Oudolf sagt. Wichtig ist vor allem seine letzte Forderung: Sie müssen „ordentlich oder zumindest unverkennbar bleiben, nachdem sie verblüht sind". Denn

Die Gräser und der Purpurdost im Hintergrund geben der Staudenrabatte eine feste Struktur. Sie sind ihre Leitpflanzen.

diese Pflanzen sind das tragende Gerüst einer Beetgestaltung über die ganze Vegetationszeit hinweg. Besonders gut eignen sich große Gräser dafür wie Chinaschilf, Reitgras, Pfeifengras und Atlasschwingel. Sie treiben im Frühjahr aus einem großen, festen Wurzelballen aus, senden durch ihre linearen, aufrechten Blattstrukturen prägnante Signale und übernehmen später durch ihre Höhe die Leitfunktion in der Rabatte.

Auch Blütenstauden erfüllen diese Kriterien. Indianernesseln, Silberkerzen, Mädesüß, Kugeldisteln und Purpurdost gehören zu den hochwachsenden. Sie stechen in einer Bepflanzung hervor, die deutlich höher als ein Meter wird. In niedrigeren Pflanzungen bringen Fetthennen, Taglilien und Brandkraut Struktur in die Masse der sogenannten Füllpflanzen. Voraussetzung ist natürlich, daß sie sich innerhalb der Rabatte wiederholen und so ein sichtbares Gerüst bilden. Zusätzlich müssen die Leitpflanzen das Motiv

Oben: Weiße Blüten bringen Licht in die Rabatten. Das macht sich vor allem an trüben Tagen und abends bemerkbar. Rosen und Königskerzen (*Verbascum chaixii* 'Alba') werden hübsch vom silbernen Laub der Edelraute (*Artemisia ludoviciana* 'Silver Queen') umspielt.
Oben rechts: Die blauen Blüten von Gedenkemein (*Omphalodes*) und Hasenglöckchen (*Hyacinthoides non-scripta*) verleihen der schattigen Rabatte Tiefe.

einer Gestaltungsidee hervorheben. Zu einer eher ländlichen Anlage paßt z. B. Rittersporn. Der zieht allerdings nach der ersten Blüte ein und treibt erst zum Spätsommer wieder aus. Daher können durchaus auch Strauchrosen Leitpflanzenfunktion übernehmen. In moderne, klare Gestaltungen passen sehr gut Gräser.

Symphonie der Farben

Wer die Gestaltung mit Blütenfarben in den Vordergrund stellen möchte, muß sich gewöhnlich von der Idee verabschieden, die Pflanzen nach Lebensbereichen ordnen zu wollen; ganz besonders dann, wenn nur eine Farbe im Beet den Ton angeben soll. In diesem Fall ist es sinnvoll, sich der Wirkung der Farben bewußt zu sein. Das geht am besten, wenn man sich jede Farbe einzeln vornimmt. Inwieweit ein Farbbeet formal gefaßt oder eher frei in eine Rabatte integriert wird, steht jedem frei. Diverse Varianten sind denkbar. Wichtig ist aber, daß es als eigenes Thema innerhalb der Gestaltung eines Gartens gesehen wird.

Der berühmteste monochrome Garten ist der „Weiße Garten“ in Sissinghurst Castle, nahe Cranbrook, rund 50 Kilometer südöstlich von London. „Mein grauer, grüner und weißer Garten wird hinten eine hohe Eibenhecke haben, eine Mauer an einer Seite und einen Weg mit alten Ziegeln an der vierten Seite“, schrieb Vita Sackville-West, die Schöpferin dieser Anlage, 1950 im „Observer“. Und weiter: „So hoffe ich, daß im nächsten Sommer die große gruselige Schleiereule in der Dämmerung leise über einen bleichen Garten streichen wird – den bleichen Garten, den ich gerade anpflanze.“

Weiß birgt Strahlkraft. Das hat die Engländerin wohl auch zu ihrem weißen Garten inspiriert. Denn sie mußte dort jeden Abend hindurchgehen, wenn sie vom Speisezimmer zu ihrem Schlafgemach wollte. Weiß bepflanzte Räume machen einen Garten weit und erzeugen Tiefe. Schattenpartien werden aufgehellt. Vor üppigem Blattgrün wirken sie wie kleine Lichtquellen und verbreiten eine vornehme Atmosphäre. Darüber hinaus hat die Farbe eine ausgleichende Wirkung. Matt-weiße, silberfarbene und graue Töne harmonisieren grelle Farbkombinationen. Zarte Farben wie Rosa und blasses

Blau fangen in Gegenwart weißer Blüten dagegen an zu leuchten.

Rot ist ein Spiel mit dem Feuer. Wo diese Farbe auftaucht, provoziert sie, fordert begeisterte Zustimmung oder heftige Ablehnung. Im Garten waren rot blühende Pflanzen lange Zeit verpönt. Sie übernehmen sofort die Führung und dominieren alles. Ihre Explosivität wird jedoch gemildert, wenn grelles Rot von Bronzetönen umgeben ist. Besonders eignen sich Gewächse mit dunkelrotem Laub dafür. Auch Violett- und Grautöne sowie die Komplementärfarbe Grün wirken in solchen Kompositionen harmonisierend. Möchte man einen Teil des Gartens lebhaft gestalten oder den Blick in eine Richtung lenken, sind leuchtend rote Pflanzen genau richtig.

Blau gibt Weite. Ohne Rotanteil erscheint Blau kühl und distanziert. „Ein reizendes Nichts“ nannte Goethe das in seiner Farbenlehre. Wolkenloser Himmel erstrahlt blau. Das ist die Farbe der Ferne. Sie spiegelt Tiefe und Unendlichkeit wider. In Blau getauchte Räume erscheinen uns weiter. Deshalb wirkt ein Garten größer, wenn er mindestens an einer Seite ausschließlich mit blau blühenden Gewächsen bepflanzt wurde. Schwermütig wirken Blautöne, wenn Violett dominiert. Dann sollte man Weiß-, Grün- und Grautöne einmischen.

Gelb beflügelt. Diese Farbe stimmt freundlich und macht manchmal sogar etwas leichtsinnig. An wolkenverhangenen Tagen strahlen intensiv mit gelben Blumen bepflanzte Rabatten wie die Sonne. Auch Gelb erweckt sofort Aufmerksamkeit, ist jedoch nicht so provozierend wie Rot. Vielmehr kommt die Farbe auf den Betrachter zu. Andere Pflanzen rücken dann in den Hintergrund. Dadurch kann ein Farbgefüge schnell aus dem Gleichgewicht geraten, und Blickachsen können sich verschieben. Während Blau Weite suggeriert, verkürzen gelbe Pflanzungen die Perspektive. Sie lassen Gärten kleiner erscheinen. Dunkle Ecken hingegen gewinnen durch ein gelbes Blütenmeer: Sie leuchten und werden wieder wahrgenommen. Gegen die Eintönigkeit gelber Rabatten sollte man die ganze Breite der Farbpalette von Cremetönen über Grüngelb, Schwefelgelb bis zu warmen Orangetönen setzen. Nur so läßt sich diese leuchtende Farbe differenziert wahrnehmen.

Oben: Die bronzefarbenen, ährenartigen Blüten des Fuchsschwanzes (*Amaranthus caudatus*) dämpfen ein wenig die lebhaften Rottöne des Ziertabaks.
Oben links: Die Gesellschaft aus Sonnenblumen, Sonnenhüten (*Rudbeckia hirta*) und Studentenblumen strahlt Fröhlichkeit aus. In ihrer Mitte tanzen die Ähren des Lampenputzergrases (*Pennisetum alopecuroides*).

Architektonische Mittel einsetzen

Wohin des Weges? Welche Ziele haben Sie in Ihrem Garten? Möchten Sie nur ein wenig umherstreifen, so wie die Adligen vor zweihundert und mehr Jahren, als die Parkanlagen zum reinen Lustwandeln genutzt wurden? Soll Ihr Weg einen Pavillon, der den Aufenthalt im Freien auch in kühlen Abendstunden noch zum Vergnügen macht, kreuzen? Wünschen Sie sich duftende Laubengänge und hinter Hecken oder Mauern verborgene lauschige Ecken, die den Weg durch den Garten immer wieder überraschend gestalten? In diesem Kapitel geht es darum, die Räume, die im Garten entstehen, zu einem Gesamtensemble zusammenzufügen.

Das Bodenrelief formen

a) Absätze, Hügel und Senken

Bodenmodulation ist ein gewichtiges Wort. Denn anders als bei einem Stück Ton, das zwischen den Fingern zu einer Figur oder einem Gefäß werden kann, braucht es größere Maschinen oder viel Muskelkraft, um die Bodenoberfläche zu formen. Aber Sitzplätze und Beete kommen manchmal viel besser zur Geltung, wenn sie auf unterschiedlichem Niveau liegen. Ein Garten erhält schon auf diesem Wege architektonische Strukturen. Pflanzen, die dann hinzukommen, können das räumliche Gefüge zusätzlich betonen. Neben diesen gestalterischen Gesichtspunkten spielen häufig ganz praktische Erwägungen eine Rolle, Stufen in das Gelände einzufügen.

Wenn die Böschung zur Terrasse angeschüttet wird, muß man sich mit der Befestigung des abschüssigen Geländes auseinandersetzen. In den Bergen kennen Menschen sich damit bestens aus. Dort werden Gärten auf verschiedenen Ebenen zu Terrassen geformt. So lassen sie sich besser nutzen, und was besonders wichtig ist: Der fruchtbare Mutterboden wird nicht abgeschwemmt. Nehmen Sie das als Vorbild, selbst wenn es sich nur um die Terrassenböschung am Haus handelt. Denn auch hier braucht der Boden einen sicheren Halt. Pflanzenbewuchs kann die Erde nicht mehr ausreichend festhalten, wenn die Neigung einer Böschung größer ist als 1:3 (gemessen wird das Verhältnis Höhe zur Länge). Ist das Gefälle größer, sollte am Fuß eine kleine Stützmauer aus Steinen oder Palisaden errichtet werden, um den Neigungswinkel zu mindern.

Größere Hänge sichert man besser durch mehrere Abstufungen. Das ist günstiger als eine große Mauer, die ein starkes Fundament benötigt, und sieht oft besser aus. Die Ästhetik auch solch kleiner Baumaßnahmen sollte man nicht unterschätzen. Denn sie prägt das gesamte Erscheinungsbild der Anlage. Wählen Sie daher das Material so aus, daß es zum Charakter des Gartens und des Hauses paßt, und Sie es nicht am liebsten gleich wieder hinter einer Vorpflanzung verbergen möchten.

Mancherorts kann es reizvoll sein, sich mit einem Teil des Gartens ein Stück in die Erde hineinzugraben und einen Senkgarten anzulegen. Das schafft eine ungewöhnliche Raumsituation mit ausgezeichneten klimatischen Verhältnissen. Menschen und Pflanzen sind dort besonders gut vor Wind geschützt, und es sammelt sich die Wärme, vor allem wenn die Anlage aus Steinen besteht. Senkgärten lassen sich am besten durch Mauern aus Natursteinen oder Ziegelsteinen abstützen. Auf den terrassenförmigen Beeten ist Platz für wärmeliebende Pflanzen oder spezielle Steingartengewächse. Der berühmte Staudengärtner Karl Foerster, der vor seinem Privathaus in Potsdam-Bornim selbst einen großen Senkgarten (heute noch zu besich-

Natursteinquader fügen eine Stufe in den Rasenweg. Sie fangen das leichte Gefälle des Grundstücks ab und sorgen zugleich für eine räumliche Gliederung des Gartens.

tigen) geschaffen hat, schlägt vor: „Man kann aus einem zimmergroßen, von einer Hecke umgebenen Raum eine vielfach größere Fläche und Lebensmöglichkeiten für Pflanzen schaffen, indem man sozusagen einen regelmäßigen Mäanderweg anlegt, der in jeder Ecke mit einer Beet- und Wegstufe abfällt und schließlich am tiefsten Grunde in ein kleines Ruheplätzchen an einem Wasserbecken mündet.“ Ebenso kann ein Senkgarten auch in einen Hang hineingegraben werden. Eine Seite ist dann offen. Zeigt diese nach Süden, bewährt sich so ein Gartenraum vorzüglich als „Sonnenfalle“.

b) Wege, Plätze und Treppen

Wege bringen die unterschiedlichen Gartenteile zusammen. Sie müssen aber nicht in jedem Fall gesondert angelegt oder gar gepflastert werden. So lassen sich Rasenflächen immer auch als Wege nutzen. Um die Konturen einer Anlage deutlich zu machen, sollten Wege jedoch klar erkennbar sein. Das schafft auch eine Dramaturgie, die den Garten spannender macht. Jeder Weg ist der Beginn einer Geschichte. Selbst ein kleiner Graspfad, der sich aus einer Rasenfläche löst und hinter einer Hecke verschwindet, macht den Betrachter neugierig, wohin der führt. Als dramaturgische Elemente und als befestigte Flächen, die sich durch ihr Material, z. B. Waschbetonplatten, Natursteinpflaster, Kies oder Mulch, deutlich von der Umgebung abheben, sind Wege und Plätze wichtige Mittel der Untergliederung.

Oben: Der abwechslungsreiche Belag macht die Wegachse zu einem attraktiven Gestaltungselement. Rechts: Der seichte Hang vor dem Haus wurde in zwei größere Absätze unterteilt, die jeweils niedrige Hecken begrenzen. Stauden und Rosen präsentieren sich dort wie auf Bühnen.

Gleichzeitig geben sie die Stilrichtung vor: Ein grafisches Raster aus geraden Wegen und Beeten ist typisch für eine eher formale Anlage. Die Hauptwege markieren dort zugleich die grundlegenden Achsen. Sich schlängelnde Pfade und schwungvolle Formen von Plätzen und Beeten deuten hingegen auf eine natürliche Gestaltung hin.

Die Wegformen hängen auch davon ab, wie sie genutzt werden. Direkte Verbindungen und kurze Wege wünschen wir uns, wenn wir arbeiten. Den Werkzeugschuppen, die Kompostecke, die gemütliche Gartenecke, wo der Tisch gedeckt werden muß, möchten wir gerne schnell erreichen. Verschlungene Pfade hingegen dürfen uns durch die Blumenbeete führen. Dort können wir in Ruhe schnuppern, Blüten bestaunen und einfach ziellos umherschlendern. Manchmal reichen hier auch Trittsteinplatten aus. Sie werden zwischen die Pflanzen gelegt, um von dort aus die Rabatten besser pflegen zu können.

Alle befestigten Wege und Plätze brauchen einen Unterbau, der sie tragfähig und frostsicher macht. Die unteren zehn Zentimeter bestehen aus Kies oder Schotter. Darauf kommen etwa fünf Zentimeter Sand. Jetzt erst wird der spezielle Belag ausgelegt, dann mit Sand eingeschlämmt und mit einem Stampfer oder einer Rüttelplatte verdichtet. Stufen sollten Sie einplanen, wenn die Wegstrecke auf zehn Meter Länge mindestens einen Meter ansteigt. Dann läßt es sich leichter gehen. Stufen sind zwischen zehn und zwanzig Zentimeter hoch. Steile Treppen

mit zwanzig Zentimeter hohen Stufen haben etwa eine Trittbreite von 23 Zentimetern. Die halbe Stufenhöhe bedingt eine rund doppelt so breite Antrittfläche, damit man angenehm ausschreiten kann.

Gartenteile einfrieden

a) Hecken

Ob als Sichtschutz oder als Schmuckelement – Hecken gliedern den Garten auf geradezu geniale Weise. Denn ihr Baumaterial sind leicht zu beschaffende Pflanzen, und das Anlegen macht kaum Mühe. Aber dann muß man natürlich regelmäßig schneiden, eine Formhecke sogar mehrmals jährlich. Für einige Menschen gibt es nichts Schöneres, als mit der Heckenschere sanft die Formen nachzuziehen, die unter dem jungen Grün gerade noch sichtbar sind. Diese Arbeit macht sie zu Baumeistern und gestalterischen Künstlern. Denn unter ihren Händen gewinnen grün belaubte Wände und skulpturähnliche Formen wieder klare Konturen.

Als hochwachsende Heckenpflanzen bieten sich laubtragende Gehölze wie Hainbuche, Rotbuche, Weißdorn und Feldahorn, sowie immergrüne Nadelgehölze, etwa Leyland-Zypresse (*Cupressocyparis leylandii*), Lebensbaum, Scheinzypresse und Eibe an. Diese Baumarten lassen sich nur als Hecke ziehen, wenn man sie mit der Schere im Zaum hält. Dann gibt es kaum einen besseren Sichtschutz. Und nicht nur das. Sie brechen den Wind optimal und lassen daher in exponierten Lagen Gärten überhaupt erst gedeihen. Es liegt also auf der Hand, daß mit ihnen vorzüglich grüne Zimmer gestaltet werden können.

Oben: Die Eibenhecke bildet den ruhigen Hintergrund für die farbenfrohen Akelei und Iris.
Links: Zunächst erscheinen die Buchskugeln bloß als dekorative Elemente. Doch zusätzlich fügen sie in die Klinkerfläche einen klar akzentuierten Weg.
Links oben: Die Hecken werden als grüne Architektur eingesetzt. Wie Mauern trennen sie einzelne Gartenteile voneinander.

Die niedrige Mauer hält das Pflanzenwachstum vom Sitzplatz fern und wird zugleich davon umfangen. So nehmen Frauenmantel und Greiskraut (*Ligularia dentata* 'Desdemona') ihr die Schärfe der Kanten.

Nur auf etwa Hüft- oder Brusthöhe werden Liguster und Berberitzen gehalten. Ihr kompakter Wuchs macht sie zu undurchdringlichen Grenzen, die sogar Hunde von der Straße zurückschrecken lassen. Voraussetzung auch hier: regelmäßiger Schnitt. Den braucht auch der Buchsbaum, der gut als Rahmen um Beete und als Wegbegrenzung taugt.

Bei Blütenhecken ist Schneiden dagegen eher die Ausnahme. Sie beanspruchen mehr Platz. Ihre reiche Arten- und Sortenvielfalt beginnt bei niedrigen Formen, zu denen neben Rosen, Spiraeen und Fingersträuchern auch z. B. Lavendel gehört. Typische mindestens kopfhohe Blütenhecken bestehen aus Falschem Jasmin, Weigelie, Forsythie, Spiraea, Holunder, Schneeball, Kolkwitzie, Sommerflieder, Hartriegel und Perückenstrauch. Alle laubabwerfenden Heckenpflanzen kauft man am preisgünstigsten als wurzelnackte Ware. Sie werden im Spätherbst und Frühjahr direkt aus der Erde gezogen. Ihre Wurzeln umgibt dann kein kompakter Ballen.

b) Mauern und Wälle

Etwas mehr Wärme gefällig? Gartenräume mit Ziegel- und Natursteinwänden zu umgeben, die gleichzeitig als Wärmespeicher fungieren, hat in England eine lange Tradition. So suchte die britische Gartenschriftstellerin und Gestalterin Penelope Hobhouse für ihren eigenen Garten gezielt nach einem Grundstück, das zumindest teilweise Mauern umgab. Im südenglischen Ort Bettiscombe wurde sie fündig. Den rund 1600 Quadratmeter großen Gartenteil am alten Kutscherhaus schützt eine knapp drei Meter hohe Ziegelsteinmauer. Nach einem sonnigen Tag strahlt sie bis in die Nacht hinein Wärme ab und sorgt so für mildes Mikroklima. Das wissen die vielen mediterranen Gewächse zu schätzen, die Penelope Hobhouse dort ausgepflanzt hat.

Auch wir genießen es, wenn uns in kühlen Abendstunden eine Wand noch den Rücken wärmt. Mauern haben in der Gartengestaltung als schützendes Bauwerk und als raumbildendes Stilmittel immer schon eine wichtige Rolle gespielt. Sie sind stärker als Hecken architektonische Gestaltungselemente. Von der Wahl des Materials über Bauweise, Ausschmückungen bis hin zum Profil der Fugen bieten sie ein erstaunlich reiches Formenrepertoire. Das Material sollte sich am Gebäude orientieren, wenn die Mauer unmittelbar daran angrenzt. Es kann frei gewählt werden, wenn ein Freiluftzimmer in einer Ecke des Gartens entsteht.

Früher nutzte man die klimatischen Vorteile ummauerter Gartenräume vor allem in herrschaftlichen Anlagen zur Anzucht von Obst, Gemüse und Kräutern. Birnen und Pfirsiche wurden als Spalierbäume direkt an der Mauer gezogen. Rosmarin, Artischocken und Zucchini konnten so auch in rauhem Klima gedeihen. Abends tafelte man noch mit Gästen unter freiem Himmel, während Laternen und Fackeln die Szenerie stimmungsvoll erleuchteten.

Mehr Behaglichkeit entsteht häufig schon, wenn eine Mauer die Terrasse oder einen Sitzplatz im Garten nur an einer Seite abschirmt. Die glatten Flächen und scharfen Kanten des Mauerwerks können durch Sträucher, Rankgewächse und Spalierbäume aufgelockert werden. Wenn Mauern mit Hecken, Laubengängen und Pergolen kombiniert werden, kann die Gartenarchitektur zu einer Einheit mit der umgebenden Natur verschmelzen.

Mauern, die frei im Garten plaziert werden, brauchen immer ein starkes, frostfreies Fundament, das mindestens 80 Zentimeter tief im Boden sitzt. Die Mauerkrone sollte durch eine spezielle Abdeckung Wasser abweisen, damit keine Feuchtigkeit eindringen kann, die das Mauerwerk brüchig werden läßt. Längere Mauern werden durch senkrecht eingelassene Bewehrungsstäbe oder Stützpfeiler verstärkt, damit sie dem Winddruck standhalten. Das Errichten von Mau-

In der Abendsonne sitzen und sich den Rücken an den erhitzten Steinen wärmen – solche Glücksgefühle wären ohne die Mauer nicht denkbar, die frei in eine Ecke des Gartens gesetzt wurde. Ganz nebenbei schweift von dort der Blick über die Blumenpracht der Wiese.

Der Weg in den Garten führt durch einen Laubengang aus Rosen mit überwiegend starkwüchsigen Rambler-Arten.

ern unterliegt der örtlichen Bauordnung und muß ab einer bestimmten Höhe beantragt werden. Welche Bestimmungen regional gelten, weiß das zuständige Bauamt.

Ein Wall ist der kleine Bruder der Mauer. Er wird meist aus Natursteinen errichtet, manchmal kombiniert mit größeren Mengen Erde. Die Steine sollten aus den Vorkommen der Region stammen. So paßt sich die Gestaltung dem Landschaftsbild an, und sie spart Kosten, da keine langen Transportwege anfallen. Typisch für Norddeutschland sind Friesenwälle aus großen Findlingen. Mauern aus gebrochenen Kalksteinen prägen das Schwabenland und Franken.

Die Natursteine werden ohne Mörtel zu niedrigen Trockenmauern aufgeschichtet. Sie gliedern die Fläche, markieren Grenzen und stabilisieren abschüssiges Gelände bzw. formen es zu Terrassen. Trockenmauern sind elastischer als mit Mörtel hergestellte Mauern. Sie überstehen Setzungen des Bodens und Frost ohne größere Schäden. Deshalb benötigen sie auch keine aufwendigen Betonfundamente. Ihre mit etwas Erde gefüllten Fugen lassen diverse Steingartengewächse und Trockenheit liebende Kräuter gedeihen. Innerhalb weniger Jahre können sie von üppigem Bewuchs überzogen sein – ein blühender Lebensraum für eine Vielzahl von Lebewesen.

Das Fundament einer Trockenmauer sollte aus einer etwa 40 Zentimeter starken Kiesschicht bestehen. Einzelne große Steine, die in regelmäßigem Abstand die ganze Breite des Mauerprofils einnehmen, sorgen für zusätzliche Stabilität.

c) Rankgitter, Pergola und Laube

Machen Rosen sich krumm und rollt Knöterich seine Ranken aus, können im Garten Bögen und Laubengänge entstehen. Sie brauchen nur eine Unterkonstruktion aus Holz oder Metall. In früheren Gartenanlagen war das ein vertrauter Anblick. Der italienische Renaissancedichter Boccaccio erzählt von einem Garten, den breite, weinberankte Laubengänge umgaben. Mittendrin eine Rasenfläche, in der ein Brunnen plätscherte. Dazu Tische und Stühle, an denen gespeist werden konnte. Typisch für das italienische Gartenleben jener Zeit waren Feste unter freiem Himmel. Fackeln und Kerzen flackerten um Tafel, Tanzplatz und in den Nischen, die sich seitlich in den Laubengängen befanden.

Warum sollen wir nicht auch in unseren Gärten solche romantischen Ecken schaffen. Rosenbögen, Rankgitter und Pergolen grenzen die Bereiche ein. An ihnen winden sich die Pflanzen empor. Sie füllen die Lücken dieser zunächst noch kahlen Räume. Aus mehreren im Kreis aufgestellten Bögen wird ein Rosendom. Eine Laube entsteht, wenn die langen Ranken quer über die Elemente einer Pergola oder einen breiten Bogen wuchern. Geflechte aus Draht oder Holzlatten sorgen für Halt. Einige hintereinander aufgestellte Bögen formen einen Laubengang.

Das eindrucksvollste Schauspiel bieten in diesen Situationen Kletterrosen. Die öfter blühenden Sorten entwickeln kräftige, aber etwas steife Triebe. Sie haben den Drang, senkrecht nach oben zu wachsen. An einem Bogen türmen sich die Blüten dann im Scheitelpunkt. Die Seiten bleiben kahl. Um das zu vermeiden, sollten Sie die Triebe spiralförmig um die Stützen herumwinden. Je waagerechter sie geführt werden, desto mehr neue seitliche Blütentriebe entstehen.

Sogenannte Rambler-Rosen haben dagegen recht weiche Triebe. Sie wachsen kräftig, wie die Sorten ‘Seagull’, ‘Kiftsgate’, ‘Bobbie James’ und ‘Veilchenblau’, die leicht Höhen von sechs Metern erreichen und mit ihren langen Trieben Lauben und Gänge überspannen können. Sie blühen nur einmal, dafür aber überreich. Eine

starke Unterkonstruktion ist nötig, da die Pflanzen mit den Jahren immer schwerer werden.

Klematis können dazu gepflanzt werden. Die spät blühenden Sorten ergänzen die einmal blühenden Rosen. Diese geben Farbe, wenn jene schon verblüht sind. Überhaupt offenbart sich das Geheimnis eines schönen Bewuchses in der Kombination verschiedener Pflanzenarten. Rosen lösen die Blüten der frühen Klematisarten ab, es folgen Geißblatt, Kletterhortensie und späte Klematis. Dazwischen lassen sich Pflanzen einfügen, die allein durch ihr Laub wirken, etwa Pfeifenwinde (*Aristolochia*) und Wilde Rebe (*Vitis coignetiae*) mit ihren großen, schönen Blättern, sowie solche, die auch im Winter grün bleiben, wie Efeu und Immergrünes Geißblatt (*Lonicera henryi*).

Eine Glyzine (*Wisteria sinensis*) hüllt die Pergola am Haus in ein luftiges Blütenkleid.

Eine Laube mit festem Dach wird zu einem Zimmer mit schöner Aussicht auf die Schauspiele der Natur. Hier lassen sich auch Regenschauer überstehen, die im Sommer die Erde zum Duften bringen.

In der Laube kann man gemütlich zu zweit unter Rosen ausruhen. Das Metallgerüst – es läßt sich von einem Schlosser individuell anfertigen – gibt der weißen Rose 'Ilse Krohn Superior' und der rosafarbenen 'Bantry Bay' Raum zur Entfaltung.

Das Gewächshaus in viktorianischem Stil ist ein Schmuckstück des Gartens und vielseitig nutzbar: Im Winter finden hier frostempfindliche Mittelmeergewächse Unterschlupf, ab Februar werden Gemüsepflanzen und Sommerblumen angezogen, und später können dort Tomaten und Paprika wachsen.

Gebäude errichten

Als Glashäuser noch Orangerien waren, suchten die Menschen inmitten der Blüten Geselligkeit. Ihre architektonische Schönheit machte sie zu einem Mittelpunkt des Gartens. Diese Tradition ist leider etwas in Vergessenheit geraten. Die eher schmucklosen Gewächshäuser werden heutzutage häufig in einer hinteren Ecke des Gartens untergebracht. Filigrane Glasbauten mit nostalgischem Charme und Pavillons haben das nicht nötig. Vor Wind und Wetter geschützt, von Grün umgeben und scheinbar im Freien sitzend, können wir an eine Tradition anknüpfen, die Begeisterung für exotische Pflanzen mit der Lust auf geselligen Gedankenaustausch verband.

Die Geschichte der Glashäuser beginnt als eine Liebeserklärung an die Orange. Ihrem Blütenduft und ihrem Geschmack waren die Menschen seit der Antike verfallen. Meist in Terrakotten gepflanzt, prägten sie mit ihren kugelförmigen Kronen lange das Bild der Gärten. Wie aber sollten diese frostempfindlichen Gewächse über den Winter kommen? Zuerst wurden um die Orangenbäumchen Stellagen aus Holz errichtet, oder die Pflanzen wurden in geschlossene Räume gerückt. Im 16. Jahrhundert baute man dann extra für sie Gebäude mit nach Süden ausgerichteten Fenstern: die Orangerien. Hier verbrachten die Exoten sicher den Winter.

Die Orangerie von Versailles zählte mit fast vierhundert Meter Länge zu den größten der

Angelehnt an Wohngebäude werden Gewächshäuser schnell zu Wintergärten, in denen Pflanzen kultiviert und geschützt untergebracht werden können. Dort können es sich die Bewohner aber auch zwischen den Gewächsen gemütlich machen, sobald die Sonne den Raum ein wenig aufgeheizt hat.

Welt. Ihr Erbauer, Ludwig XIV., hatte sich Orangenbäumchen auch in seinen Wohngemächern und Festsälen gewünscht. Und so wurden die im Schloß wegen Lichtmangels schnell kümmernden Pflanzen laufend gegen frische ausgetauscht. Königin Anna von Großbritannien dagegen nutzte ihr 1704 erbautes Gewächshaus des Kensington Palastes gleichzeitig als Speiseraum. In den lichten Räumen, inmitten mediterraner Flora, ließ die britische Monarchin sich gern in Gedanken von London nach Italien versetzen.

Kunstvolle, schmiedeeiserne Glaskuppeln erhielten die Gewächshäuser erst im 19. Jahrhundert. Jetzt hatten Ingenieure das Problem gelöst, große Dachflächen mit Glas zu überspannen. Die vielen aus Übersee eintreffenden lichthungrigen Exoten gediehen unter diesen Bedingungen prächtig. Als Folge entwickelte sich in den Tropenhäusern der botanischen Gärten ein geselliges Treiben. Menschen trafen sich, plauderten, lasen Zeitung und kamen selbst abends nach dem Theater vorbei, um die Schönheit der Pflanzen im Licht der Lampen zu bewundern. Wer es sich leisten konnte, verlagerte solche Treffen bald in den eigenen Wintergarten oder Gartenpavillon. Hauskonzerte wurden dort veranstaltet, Gedichte rezitiert und kleine Vorträge gehalten. Höhepunkt solch einer Veranstaltung war immer der Moment, in dem der Hausherr ein gerade erworbenes exotisches Gewächs vorführte und seinen Gästen dazu selbstgezogene Ananas oder Feigen servierte.

Besondere Formen der Pflanzen-verwendung

Der Garten wird durch Formschnitt besonders auffällig gegliedert. Gestutzte Hecken teilen das Grün in unterschiedliche Räume. Getrimmte Figuren schaffen markante Punkte, an denen sich das Auge orientiert. Und skurril geschnittene Skulpturen regen die Phantasie an. Aber auch mit weniger Aufwand kann man ähnliche Wirkungen erzielen. In diesem Kapiel erfahren Sie, wie die Pflanzen im Garten für Abwechslung sorgen und immer wieder für Überraschungen gut sind.

Geschnittene Gartenkunst

Vor zehn Jahren hätten Formgehölze noch ein heftiges Kopfschütteln verursacht. Damals stand das Ökogärtnern hoch im Kurs, und es war undenkbar, Pflanzen gegen ihren natürlichen Wuchs zu verbiegen. Dem kultivierten Wildwuchs von damals steht heute unbändige Lust auf Kultur im Garten gegenüber. Pflanzenskulpturen und phantasievolle Heckenornamente sind inzwischen der Stolz vieler Gärtner. Und das war auch schon früher häufig so.

Wie Bildhauer der Antike dem Marmor, so entlockten Gärtner im alten Rom dem Buchsbaum vielerlei Gestalten. Neben Lorbeer, Myrten und Rosen gliederten regelmäßig geschnittene Buchshecken Innenhöfe und Rasenflächen der römischen Villengärten. Häufig krönten die Hecken eine Reihe von Tierfiguren oder aus dem Pflanzengrün herausgeschnittene Namenszüge. Erst 900 Jahre später frönte die Renaissance wieder dieser Verspieltheit und verwandelte Pflanzen mit der Heckenschere in Gänse, Hähne oder Kraniche.

Wahre Wunderwerke grüner Architektur brachten die Barockgärtner hervor. Im Schloßgarten von Versailles standen mehrstöckige Eiben. Jede Ebene bildete eine eigene geometrische Form. Einige waren mit am Ende zu Kugeln geschnittenen Ästen gespickt. Für die zu Selbstbewußtsein und Wohlstand kommenden Bürger des 18. Jahrhunderts war das zuviel. Gestutzte Bäume galten ihnen als Ausdruck feudaler Herrschaft. Sie wünschten Pflanzen in ihrem natürlichen Habitus und sahen darin ein Symbol politischer Freiheit. Hundert Jahre später waren Formpflanzen jedoch schon wieder voll rehabilitiert, denn die Menschen mußten einsehen, daß sich auf immer begrenzteren Räumen keine landschaftsähnlichen Gärten mehr errichten ließen.

Eiben, Buchsbaum und Zypressen eignen sich besonders für große Figuren. Buchsbaum und Stechpalmen lassen sich auch problemlos in kleine Formen bringen, z. B. zu Kugeln, Pyramiden und Spiralen schneiden. Für Einfassungen und kleine Ornamente nimmt man den schwachwachsenden *Buxus sempervirens* 'Suffruticosa' oder verholzende Stauden wie Rosmarin, Lavendel, Heiligenkraut und Gamander. Beschnitten wird immer nur der frische Zuwachs eines Jahres. Nach einer alten Gärtnerregel soll man den ersten Schnitt spätestens bis zum Johannitag (24. Juni) vorgenommen haben. Meist hat schon der Mai die jungen Triebe kräftig wachsen lassen. Dann sind sie noch weich und formbar. Sie werden rund um die Hälfte gekappt. Das übt einen Wachstumsreiz auf die übrigen Teile der Pflanze aus. Nur durch regelmäßiges Schneiden bleiben die Formen kompakt und in sich gefestigt. Zu einem späteren Zeitpunkt des Jahres wird an den Pflanzen nur noch Maniküre betrieben, indem man aus der Form gewachsene Triebe kappt.

Radikale Rückschnitte ins alte Holz werden nötig, wenn alte Pflanzen doch einmal auseinan-

Pflanzenskulpturen stehen heute wieder hoch im Kurs. Vor allem Buchsbaum läßt sich zu allen erdenklichen Formen schneiden. Die kleinen Kunstwerke sind problemlos auch im Topf zu halten.

derfallen. Im frühen Frühjahr ist die beste Zeit dafür, am besten im März. Dann steigt schon der Saft in die Pflanzen und verhindert, daß die Schnittstellen austrocknen. Falls sie der Sonne ausgesetzt sind, sollte man sie zusätzlich mit Sackleinen locker abdecken, um für Schatten zu sorgen. Im März ist auch eine angemessene Düngung fällig. Nur durch jährliche Nährstoffzufuhr behalten Formpflanzen ihr frisches Blattgrün und bleiben gesund.

Baumkronen in Schirm- und Kugelgestalt

Früher schmückten mächtige Eichen, Buchen und Linden die Grundstücke. Vielerorts ist für solche Baumriesen kein Platz mehr. Aber auch unter den malerischen Kronen zierlicher Laubbäume läßt es sich angenehm entspannen. Zum Glück gibt es genügend schwachwachsende Bäume, unter deren Blätterdach man im Sommer erfrischende Kühle tanken kann. Ausgesprochen schön wirken Kronen mit leicht überhängenden Zweigen, wie die der Zierapfelsorten 'Hillieri' und 'Liset' sowie der Kupfer-Felsenbirne (*Amelanchier lamarckii*) und Vielfiedrigen Eberesche (*Sorbus vilmorinii*). Eine Gartenbank macht sich unter ihnen vorzüglich.

Diese kleinkronigen Bäume begeistern im Frühjahr zudem durch Blüten. Ihnen folgt im Sommer der Fruchtschmuck, der bis weit in den Herbst hinein hält. Und über Winter beleben die schönen Silhouetten der Bäume den kahlen Gar-

Die Hecke ist mehr als ein bloßer Rahmen für die Bank, die sich paßgenau in die Ausbuchtung fügt. Sie ist Teil einer kunstvoll geometrischen Architektur, die den Garten zu einer Inszenierung von Symmetrien macht.

Ein Knotengarten ist das Highlight von Barnsley House im englischen Gloustershire. Die Ornamente aus verschiedenfarbigem Buchs und Gamander wurden nach Vorbildern des 16. Jahrhunderts gepflanzt.

Hänge-Ulmen (*Ulmus glabra* 'Pendula') bilden von Natur aus laubenartige Kronenformen. Hier wurden zwei Exemplare über einer Pergola zusammengeführt.

Zur Kugel geschnittene Buchenhochstämme und Buchsbäume betonen in diesem großzügigen Garten die querverlaufenden Wegachsen.

Die ohnehin schon breit wachsende Krone der Weidenblättrigen Birne (*Pyrus salicifolia*) wurde durch eine starre Unterkonstruktion zu einem natürlichen Sonnenschirm geformt.

ten. Eindrucksvoll ist zu der Zeit auch die ausladende Krone der Hänge-Ulme (*Ulmus glabra* 'Pendula'). Sie wächst im Laufe der Jahre zu einer Laube, unter der sogar kleine Sitzrunden Platz finden, wenn die Zweige durch ein Gerüst abgestützt werden. Wird um die Bäume herum gepflastert, muß der Boden um den Stamm mindestens 50 Zentimeter breit freibleiben. Das Gefälle wird zum Baum geführt, damit das Regenwasser dorthin abfließt.

Kugelförmige Bäume können im Garten klare Akzente setzen. Dazu gehören Kugelahorn (*Acer platanoides* 'Globosum'), Kugelrobinie (*Robinia pseudoacacia* 'Umbraculifera'), Kugelsteppenkirsche (*Prunus fruticosa* 'Globosa') und Trompetenbaum (*Catalpa bignonioides* 'Nana'). Man nutzt sie gerne, um besondere Punkte, z. B. Wegecken, zu betonen, pflanzt zwei Exemplare einander gegenüber, um einen Eingang hervorzuheben, und ordnet sie in der Reihe an, um Grenzen zu markieren oder eine kleine Allee zu formen.

Um die Kugelform dieser Gehölze zu erhalten, müssen sie alle paar Jahre ausgelichtet werden. Jochen Pfisterer, Gehölzschnittexperte, empfiehlt, dabei wie beim Obstbaumschnitt vorzugehen und nicht, wie vielfach praktiziert, die ganze Krone auf kurze Zapfen zurückzunehmen: „Die zu langen Äste werden auf passende Nebenäste abgeleitet. Der Schnitt erfolgt genau in der Astgabel. Läßt man pro abgeleitetem Ast nur einen Zweig stehen, bleibt der Kronenrand

locker, und die Zweige können auch weiter innen noch Blätter tragen." Ist die Krone insgesamt zu dicht geworden, kappt man einzelne Äste in Stammnähe. Achten Sie jedoch darauf, daß die Symmetrie der Krone insgesamt erhalten bleibt. Ohne Schnitt bilden die Kugelbäume wie die Pinie eine Schirmkrone aus, weil die unteren Äste irgendwann kein Licht mehr bekommen und absterben.

Geschmackvolle Spaliere

Eine der frühesten Abbildungen eines Spalierbaums stammt aus der ersten Hälfte des 15. Jahrhunderts. Die riesengroßen Früchte dieses Birnbäumchens, die von einem schmalen Holzgerüst gestützt werden, scheinen für die damals noch ungewöhnliche Form der Obstkultur werben zu wollen. Denn üblicherweise wuchsen die Früchte an großen Bäumen in ausgedehnten Baumgärten außerhalb der engen Burgmauern. Gepflanzt wurde regelmäßig in Reihen, wie es auch in der Antike üblich gewesen war. Gut hundert Jahre später empfahl der Florentiner Schriftsteller Girolamo Fiorenzuola eine Anzahl von Pflanzen für das Spalier, darunter Citrusfrucht, Granatapfel, Mandel-, Aprikosen- und Quittenbäume. Er stellte sich vor, diese an Lattenzäune zu setzen, um sie als niedrige Hecke zu ziehen.

Oben: Birnen gedeihen am besten an einem Wandspalier, da sie viel Wärme brauchen, um auszureifen. Links oben: An querlaufenden Drähten, die etwa im Abstand von 50 Zentimetern gespannt sind, werden Obstbäume als Spalierpflanzen kultiviert.

Zur Vollkommenheit der Obstkultur am Spalier brachte es Jean-Baptiste de La Quintinie, Küchengärtner von Louis XIV., dem französischen Sonnenkönig. Er ließ hohe Mauern um die Nutzgärten bauen, wärmte die Böden im Frühjahr mit Pferdemist und entwickelte Schnitttechniken, mit denen er Obstbäume unmittelbar an den Mauern entlang wachsen lassen konnte. So stillte er den großen Appetit des Hofes auf frische Früchte fast rund um das Jahr.

In den heute immer kleiner werdenden Gärten ist der Platz für Obstbäume begrenzt. Allein deshalb kommt dieser fast vergessenen Kulturform neue Bedeutung zu. Darüber hinaus haben Spalierbäume weitere Vorteile. Die flachen Kronen bieten den Früchten optimale Lichtverhältnisse. Sie lassen sich an eine geschützte Wand setzen, wo auch wärmeliebende Arten wie Birnen, Aprikosen und Pfirsiche noch ausreifen. Und sie unterteilen den Garten oder grenzen ihn

Laubformen und -farben prägen eine Pflanzung nachhaltiger als Blüten, da ihre Wirkung den Sommer über fast unverändert anhält. Eindrucksvoll erheben sich hier die Blütenstände der Riesen-Wolfsmilch (*Euphorbia characias* ssp. *wulfenii*) über die breitwachsende Blaublatt-Funkie und den Buchsbaum mit seinem feinen Laub.

wie eine Hecke zum Nachbarn hin ab, wenn man die Bäumchen an freistehende Spaliere pflanzt.

Dafür werden zwischen zwei kräftige Pfosten im Abstand von 50 Zentimetern Drähte gespannt oder Latten befestigt. Die Bäumchen kommen mit mindestens zwei Meter Abstand voneinander davor in die Erde. Verwenden Sie möglichst nur schwachwachsende Sorten. Bei den Äpfeln sind das zum Beispiel 'Alkmene', 'Gelber Bellefleur', 'Idared', 'James Grieve', 'Jamba' und 'Rubinette'. Diese sollten auf Wurzelunterlagen veredelt sein, die von vornherein kleinwüchsige Bäume garantieren. Solche Pflanzen sind in guten Baumschulen zu beziehen.

Beim Kauf sollten die Bäumchen zwei gegenüberliegende, möglichst waagerechte Triebe in 50 Zentimeter Höhe besitzen. Diese werden an die unterste Etage des Spaliers gebunden. Sind die Pflanzen gewachsen, kappen Sie den Mitteltrieb knapp oberhalb der zweiten Etage. Von den sich neu bildenden Trieben wird ein kräftiger als neuer Mitteltrieb nach oben geführt und je einer seitlich angebunden. Alle anderen Jungtriebe, die sich während des Sommers an der Pflanze bilden, müssen bis zum zweiten Blattpaar eingekürzt werden. Über die Jahre sollte so ein Astgerüst über vier bis fünf Etagen entstehen, das auf wenig Raum reiche Ernte bringt. Eine Variante der hier beschriebenen Art sind U-förmige Spalierbäume. Sie sind vom Gärtner schon einige Jahre für die Spalierkultur getrimmt worden. Es gibt sie ebenfalls in gut sortierten Baumschulen und Gartencentern.

Kontraste und Rhythmus durch abwechslungsreiches Laub

Stauden mit schön geformten Blättern bringen Bewegung in Rabatten. Sie machen einen Garten auch dann interessant, wenn die Blüten gerade einmal pausieren. Verlassen Sie sich bei der Gestaltung daher nicht allein auf die Blütenwirkung. Viel nachhaltiger sind Formen und Farben des Laubs. Ob herzförmig, oval, gelappt oder schmal und spitz zulaufend, spielt, aus einiger Entfernung betrachtet, keine große Rolle. Entscheidend ist vielmehr das Webmuster, das sie innerhalb der Rabatte hinterlassen, die sogenannte Textur. Kleinlaubige Pflanzen schaffen eine feine Textur. Sie läßt begrenzte Räume größer erscheinen. Großblättrige Arten fallen sofort auf und sollten daher sparsam verwendet werden. Zu viele von ihnen verwandeln den Garten sonst in einen Dschungel, vor allem wenn Mammutblatt (*Gunnera*), Zierrhabarber (*Rheum*) und Tafelblatt (*Astilboides*) dabei sind. In der richtigen Mischung machen sie den Garten ausdrucksvoll, weil der Wechsel verschiedener Laubformen und -größen einen eigenen Rhythmus erzeugt. Auf diese Weise strukturieren Stauden allein durch ihr schönes Laub einen Garten ähnlich wie in Form geschnittene Buchsbäume.

Oben: Unter dem exotisch anmutenden Laub des Mammutblattes (*Gunnera tinctoria*) erscheint die Skultpur aus Zement wie ein Gnom.
Links: Den Rhythmus bestimmen hier der wie eine Wasserfontäne aufschießende Straußenfarn (*Matteuccia struthiopteris*) und die breiten Funkienblätter, die ruhig dahinzufließen scheinen.

Auch sie wirken in erster Linie durch ihr kompaktes Grün.

Schon die Griechen waren von den großen gezackten Blättern des Bärenklaus *Acanthus* so beeindruckt, daß sie ihn als Motiv in die Architektur aufnahmen. Die aus dem Mittelmeerraum stammende Pflanze ist bei uns leider nicht überall winterhart. Funkien nisten sich dagegen zuverlässig im Garten ein, sofern sie einen feuchten, leicht schattigen Standort bekommen. Ihre Sortenvielfalt spiegelt die ganze Farbskala grüner Töne von Creme und Gelbgrün bis zu sattem Grün und kühlem Blau- und Graugrün wider. Allein Purpurtöne tauchen bei ihnen nicht auf. Dafür gibt es Arten wie das Greiskraut *Ligularia dentata* 'Desdemona', den Salbei *Salvia officinalis* 'Purpurascens' und das Purpurglöckchen *Heuchera micrantha* 'Palace Purple'.

Die Pflanzen werden in bestimmten Formationen gesetzt, die sich innerhalb der Rabatte gerne wiederholen dürfen. So ist ein Pulk aus drei, fünf oder mehr Pflanzen denkbar, der wie ein dicker Klecks auf sich aufmerksam macht. Reihen aus mehreren Pflanzen setzen dagegen Ausrufezeichen oder Gedankenstriche. Die Zahl der Pflanzen hängt von ihrer Größe, Blattfläche und von dem zur Verfügung stehenden Raum ab. Wichtig ist, daß die Proportion noch stimmt, wenn die Pflanzung nach zwei bis drei Jahren richtig eingewurzelt ist.

Garten in Winterform

Im Winter zeigen Gärten ihr wahres Gesicht. Ohne das Beiwerk von Blüten und Blättern treten allein durch das Licht der Wintersonne ihre Konturen hervor – wie auf einer Röntgenaufnahme. Jetzt offenbart sich, ob Beete bloß auf flüchtige Effekte hin komponiert waren oder ob sie eine bewußt gestaltete Struktur in ein übergeordnetes Konzept einbindet.

Die englische Gartenbuchautorin Mary Fish machte sich daher immer im Winter auf den Weg, um neue, sehenswerte Gärten aufzuspüren. „Gefällt mir dann einer, komme ich im Sommer nochmals zurück", schreibt sie. Damit Rasen und Rabatten im Grau des Winterwetters nicht zu einer konturlosen Masse verschwimmen oder platt unter einer Schneedecke verschwinden, sollte es Formen geben, die die Farbigkeit des Sommers überdauern. Hecken zum Beispiel, die nicht nur die Grenze zum Nachbarn markieren, sondern die Gartenfläche gliedern. Mauern, Zäune und Pergolen ebenso. Sie stanzen dunkle Silhouetten in das milde Winterlicht, gewinnen plötzlich an Gewicht, zeigen Ecken und Kanten, wo vorher lange Ranken und füllige Laubbüschel wucherten und den Unterbau verbargen. Wenn ihre Konstruktionen auch unbelaubt noch attraktiv sind, profitiert davon ebenfalls der Wintergarten. Eine Bank, über die sich jetzt die kahlen Triebe einer Kletterrose wölben, kann sogar Erinnerungen an den vergangenen Sommer wachrufen, als sie von Blüten eingehüllt zu einem der Lieblingsplätze im Garten gehörte.

Gerade im Winter sind unsere Augen hungrig nach ein wenig Grün. Selbst wenn es nur halb unter einer Kappe aus Schnee hervorscheint, sind wir dankbar für diese kleinen Zeichen von Leben. Neben immergrünen Sträuchern gibt es auch eine Reihe von Stauden, die über den Winter grün bleiben, z. B. Bergenie, Palmlilie, Haselwurz, Schildfarn, Streifenfarn, Japan-Segge, Waldmarbel und Blaustrahlhafer.

Relikte des Sommers sind auch die vertrockneten Grasbüschel und Blütenstände, die der Rauhreif jetzt zu seinem Spielfeld macht. Gut also, wenn man im Herbst nicht alles radikal gestutzt hat. Die Halme der Gräser bleiben ohnehin besser über Winter stehen. Das schützt sie gegen Frost und Fäulnis. Um die Hälfte kürzt man allein Formen, die sich stark versamen wie Waldschmiele (*Deschapsia*), Herzzittergras (*Briza*) und Flaschenbürstengras (*Hysterix*). Besonders eindrucksvoll sind die Fruchtstände von Fetthenne, Brandkraut, Schafgarbe, Japananemone, Purpurdost und Edeldisteln. Sie alle tragen zur blütenlosen Schönheit des Wintergartens und zu seiner wundervollen Transparenz an sonnigen Tagen bei.

Bäume und Sträucher tragen frische Schneehauben. Der Garten hält Winterruhe unter einem feinen Schleier funkelnder Eiskristalle. Geschliffen scharf wirken jetzt die Konturen der Buchshecken.

Oben: Die stärkste poetische Kraft im winterlichen Garten entfalten Gräser, die von Rauhreif überzogen wurden.
Rechts: Wie ein Schwarm dickleibiger Insekten sehen die dunklen Samenstände vom Brandkraut (*Phlomis russeliana*) aus.

Ohne das Beiwerk von Blüten und Blättern erscheinen Gärten im Winter wie auf einer Röntgenaufnahme. Jetzt treten überdeutlich die Konturen hervor, die der Anlage klare Formen geben: die akzentuierten Grenzen von Wegen, Beeten und Formgehölzen.

Vor dem Haus füllen weiße Rosen den Rahmen, den Spalierlinden und Buchshecken bilden. Auf dem Rasen breitet ein Walnußbaum seine Krone über einem Sitzplatz aus. Hier wurde der Garten zu einem Wohnraum im Freien, der vom Haus aus schnell zu erreichen ist.

Pflanzenlexikon

In diesem letzten Kapitel geht es weniger darum, die schönsten Blütenpflanzen zu preisen. Von ihnen gibt es einfach zu viele, und ihre Aufzählung würde den Rahmen dieses Buches sprengen. Vielmehr werden hier noch einmal die wichtigsten strukturbildenden Pflanzen zusammengetragen. Dazu gehören ebenfalls Gewächse, die allein durch ihre ausdrucksvolle Gestalt Akzente im Garten setzen und damit Ruhe in das Meer der Blüten bringen können. Diese werden in kurzen Porträts vorgestellt. Es handelt sich um eine überschaubare Auswahl.

Hausbäume

Acer platanoides 'Globosum'
Kugel-Ahorn
Ohne besondere Schnittmaßnahmen bildet der Baum von Jugend an eine kugelige Krone aus, die mit dem Alter eine leicht schirmförmige Gestalt annimmt. Im Herbst färbt sich sein Laub intensiv goldgelb.
Blüte: Noch bevor das Laub austreibt, erscheinen im April aufrecht stehende gelbgrüne Blütentrauben.
Standort: Wenig anspruchsvoll, kommt auf allen Böden, mit Ausnahme reiner Torfböden, zurecht. Für Sonne und Halbschatten geeignet.
Wuchs: Wird vier bis sechs Meter hoch und erreicht einen Kronendurchmesser von drei bis fünf Metern.

Amelanchier lamarckii
Kupfer-Felsenbirne
Man kennt sie eher als anspruchslosen Strauch. Doch Kupfer-Felsenbirnen werden auch als Hochstämme gezogen, die eine lockere, schirmförmige Krone mit leicht überhängenden Seitenästen ausbilden. Die Blätter sind im Austrieb kupferrot, sie färben sich dann grün und beeindrucken im Herbst durch spektakuläre Rottöne.
Blüte: Mit dem Austrieb im April cremeweiß.
Standort: Verträgt Sonne und Halbschatten. Allgemein anspruchslos, kommt auch mit mäßig trockenen Böden zurecht. Ist nur gegen oberflächliche Verdichtung empfindlich.
Wuchs: Wird vier bis sechs Meter hoch und etwa ebenso breit.

Catalpa bignonioides 'Nana'
Kugel-Trompetenbaum
Kleiner Baum, dessen Triebe ohne jeglichen Schnitt eine runde Krone ausbilden, die später sogar doppelt so breit wie hoch wird. Er blüht im Gegensatz zum normalen Trompetenbaum (*Catalpa bignonioides*) nicht, wird allerdings auch zu einem stattlichen Baum von gut zehn Meter Höhe.
Standort: Bevorzugt frische, nährstoffreiche, tiefgründige Böden. Kommt aber auch noch auf mäßig trockenen Standorten zurecht. Verträgt Sonne und Halbschatten.
Wuchs: Der Baum erreicht eine Höhe und die Krone einen Durchmesser von vier bis sechs Metern.
Sorten: Der Gold-Trompetenbaum (*Catalpa bignonioides* 'Aurea') mit im Austrieb leuchtend goldgelbem Laub entwickelt eine malerisch breite Krone von bis zu acht Meter Breite. Der Baum erreicht insgesamt eine Höhe von ebenfalls gut acht Metern.

Malus
Zier-Apfel
Er zählt fraglos zu den schönsten Ziergehölzen. Im Frühjahr ist die Krone der zierlichen Bäume mit Blüten übersät. Die Schönheit der Herbstfärbung wird von den vielen kleinen Früchten übertroffen, die noch am Baum hängen, wenn das Laub schon gefallen ist.
Blüte: Anfang Mai bis Anfang Juni, je nach Sorte in Weiß, Rosa oder Rot.
Standort: Wichtig ist ein sonniger Platz in nicht zu trockener Gartenerde. In Lehmböden reichen die Wurzeln einen Meter, in sandigen Böden bis zu eineinhalb Meter in die Tiefe.
Wuchs und Sorten: Zieräpfel bilden kugel- bis schirmförmige Kronen. 'Butterball' (weiße, zartrosa überlaufene Blüten, gelbe Früchte, wird vier bis sechs Meter hoch, eine der besten und gesündesten Sorten), 'Evereste' (weiße Blüten, orangerote Früchte, wird vier bis sechs Meter hoch, Früchte haften lange am Baum), 'Hillieri' (rosafarbene, halbgefüllte Blüten, hellrote Früchte, wird fünf bis sieben Meter hoch), 'Liset' (rote Blüten mit bläulichem Stich, granatrote Früchte, wird fünf bis sieben Meter hoch).

Hecken- und Formpflanzen

Prunus fruticosa 'Globosa'
Kugel-Steppenkirsche
Da die Wildart als Strauch wächst, ist es wichtig, einen Hochstamm zu verlangen. Dieser bildet mit seinen dünnen Zweigen eine regelmäßig runde Krone. Im Herbst trägt sie dunkelrote, herb schmeckende Kirschen.
Blüte: Im April, zeitgleich mit dem Laubaustrieb, öffnen sich zahlreiche weiße Blütendolden.
Standort: Bevorzugt einen sonnigen Platz in einem nicht zu trockenen, nahrhaften Boden. Problematisch sind schwere und saure Erden.
Wuchs: Wird als Hochstamm drei bis fünf Meter hoch und etwa halb so breit.

Pyrus salicifolia
Weidenblättrige Birne
Ihre malerische Krone mit den zuweilen weit herabhängenden Zweigen und dem silbergrünen Laub fällt sofort auf. In England und Holland sind diese kleinen Bäume in den Gärten weit verbreitet. Bei uns war es in den letzten Jahren leider schwierig, Exemplare in den Baumschulen zu bekommen.
Blüte: Weiße Blütentrauben erscheinen ab Ende April etwa zeitgleich mit dem silbrig-weißen Austrieb der Blätter.
Standort: Gedeiht auf allen durchlässigen, nahrhaften Böden. Weniger geeignet sind schwere Erden. Toleriert auch trockene Plätze. Sie kommt ursprünglich u. a. aus den Steppen der Kaukasus-Region und braucht daher volle Sonne.
Wuchs: Vier bis sechs Meter hoch und im Alter meist ebenso breit. Der Stamm wächst häufig etwas krumm.

Robinia pseudoacacia
'Umbraculifera'
Kugel-Robinie
Der auch Kugel-Akazie genannte Baum bildet eine fast kugelrunde Krone. Das feine, gefiederte Laub gibt ihm einen lichten, freundlichen Charakter. Anders als die sehr viel größere Scheinakazie (*Robinia pseudoacacia*) blüht diese Form leider nicht. Man sollte ihre Krone nicht so stark zurückschneiden, sondern alle paar Jahr nur auslichten, damit sie sich schön entwickelt. Laub und Rinde sind für Pferde giftig.
Standort: Der Baum braucht volle Sonne und kommt auch auf leichten, nährstoffarmen Sandböden noch zurecht. Nicht geeignet sind dagegen schwere undurchlässige Standorte.
Wuchs: Wird fünf bis sechs Meter hoch und etwa vier Meter breit. Bildet anders als die Scheinakazie kaum Ausläufer.

Berberis* x *frikatii 'Verrucandii'
Berberitze
Hübscher, rundlich wachsender immergrüner Strauch, der das gleiche frische Grün wie ein Buchsbaum ausstrahlt. Die Blätter glänzen sogar etwas und sind mit kleinen Dornen besetzt. Er läßt sich ebenfalls gut beschneiden. Dafür braucht man allerdings feste Handschuhe, denn an den Trieben sitzen lange Stacheln.
Blüte: Im Mai öffnen sich große gelbe Einzelblüten.
Standort: Kommt mit allen normalen Gartenböden zurecht. Verträgt längere Trockenzeiten und ist sehr frosthart.
Wuchs: Wird etwa eineinhalb Meter hoch und ebenso breit.

Buxus sempervirens
Buchsbaum
Seit der Antike die beliebteste Formpflanze, die mit der Schere zu Buchstaben, Tierfiguren und geometrischen Gestalten modelliert wurde. Diese Mode ist heute wieder aufgelebt. Dafür eignet sich vor allem der Gewöhnliche Buchsbaum (*Buxus sempervirens* var. *arborescens*), der ohne Schnitt Baumgröße erreicht. Seine diversen Sorten bleiben jedoch kleiner, darunter befindet sich *Buxus sempervirens* 'Suffruticosa', der Einfassungs-Buchsbaum, der vor allem für kleine Hecken und Figuren in Frage kommt.
Standort: Verträgt Sonne und Schatten. Liebt nahrhafte, frische, durchlässige Böden, die nicht sauer sein sollten. Übersteht aber auch sommerliche Trockenheit gut.
Wuchs: Ungeschnitten wächst er zu einem dichten, immergrünen Strauch, der im hohen Alter bis acht Meter in die Höhe wachsen kann. Buchsbäume werden leicht mehrere hundert Jahre alt. Der Einfassungs-Buchsbaum (*Buxus sempervirens* 'Suffruticosa') hingegen erreicht nur eine Höhe von einem Meter.

Carpinus betulus
Hainbuche
Im Barock war sie eines der wichtigsten architekturbildenden Gehölze. Sie wurde zu mehrere Meter hohen, mauerartigen Hecken gezogen, in die teils Zinnen und Bögen geschnitten waren. Das trockene, braune Laub bleibt meist bis zum Frühjahr am Strauch haften.
Standort: Verträgt Sonne und Schatten. Stellt an den Boden keine großen Ansprüche, kapituliert nur bei Staunässe. Übersteht Sommertrockenheit relativ gut.
Wuchs: Als freiwachsender Baum wird sie zehn bis 20 Meter hoch. Jährlich legt sie etwa um 35 Zentimeter zu. Die Sorte 'Fastigiata' wächst zwar fast ebenso stark, bildet aber zumindest in der Jugend eine schöne, schlanke Kegelform aus.

Cupressocyparis leylandii
Leyland-Zypresse
Unter den Heckenpflanzen mit schuppenförmigen Nadeln sticht sie als die Schönste hervor. Sie ist frisch dunkelgrün gefärbt und unglaublich wuchsfreudig. Junge Pflanzen sind zunächst noch etwas frostempfindlich.
Standort: Sollte sonnig bis absonnig stehen. Stellt keine hohen Ansprüche an den Boden. Gedeiht optimal in frischen Erden. Verträgt auch sommerliche Trockenheit. Mag aber keine Bodenverdichtungen.
Wuchs: Ungeschnitten wird sie locker 20 Meter hoch. Sie wächst sehr schnell und legt pro Jahr bis zu einem Meter zu.

Fagus sylvatica
Rotbuche
Trägt, anders als der Name vermuten läßt, kein rotes, sondern grünes Laub. Sie heißt so, weil ihr Holz einen rötlichen Schimmer hat. Die schöne Heckenpflanze läßt sich ähnlich gut schneiden wie die Hainbuche. Das trockene Laub hat über Winter eine hellbraune Farbe, die in der Sonne leuchtet.
Standort: Verträgt Sonne und vollen Schatten. Bevorzugt frische, nahrhafte Böden und liebt etwas Lehm und Kalk. Kommt auch mit bescheideneren Verhältnissen zurecht. Leidet aber unter Staunässe und Trockenheit.
Wuchs: Erreicht als Baum Höhen von 25 bis 30 Metern, bei einem jährlichen Zuwachs von bis zu 50 Zentimetern. Die rotlaubige Form *Fagus sylvatica f. purpurea* heißt Blutbuche. Auch sie läßt sich als Heckenpflanze verwenden.

Ligustrum vulgare
Liguster
Er ist die preiswerteste immergrüne Heckenpflanze und zudem äußerst anspruchslos. Zwei Dinge sollte man allerdings beachten: Nur einzelne Sorten sind auch zuverlässig wintergrün (s. u.). Der *Ligustrum delavayanum*, der in Italien häufig zu Figuren geformt wird, die bei uns im Handel sind, ist in unseren Breiten nicht ausreichend winterhart. Er sollte daher nicht im Freien überwintern.
Standort: Verträgt Sonne und Schatten. Gedeiht auf trockenen und feuchten Böden.
Wuchs: Wird drei bis vier Meter hoch. Jährlicher Zuwachs etwa 25 Zentimeter. Nur die Sorte 'Atrovirens' ist völlig wintergrün. Ebenso die Art *Ligustrum ovalifolium*, wenn sie in geschützten Lagen gepflanzt wird.

Ilex
Stechpalme
Das edle immergrüne Laubgewächs mit seinen typisch ledrigen Blättern läßt sich ebenfalls gut in Form schneiden. Es taugt zu kleineren und größeren Hecken und trägt im Herbst leuchtend rote Früchte. Sie sind giftig.
Blüte: Ab Mai weiße, eher unscheinbare Blüten.
Standort: Bevorzugt einen absonnigen bis schattigen Platz. Der Boden darf ruhig feucht, humos und leicht sauer sein. Gedeiht aber auch noch in etwas kalkhaltigen und mäßig trockenen Erden.
Wuchs: Wird drei bis sechs Meter hoch. Der Jahreszuwachs beträgt 20 Zentimeter. Die aus Japan stammende Art *Ilex crenata* wächst nur höchstens drei Meter hoch. Sie trägt sehr viel kleinere, ovale Blätter und läßt sich wie ein Buchsbaum zu kompakten Gebilden formen.

Prunus laurocerasus
Kirschlorbeer
Das große lederartige Laub erinnert etwas an die Blätter von Rhododendren. Die Pflanzen machen sich hübsch in Einzelstellung, lassen sich jedoch problemlos schneiden und zu Hecken ziehen. Sie bilden tiefe Wurzeln und können sich daher gut gegen den Wurzeldruck anderer Pflanzen behaupten.
Blüte: Im Mai an langen aufrechten Trauben weiß blühend, selbst im Schatten.
Standort: Verträgt Sonne und Schatten. Leidet im Winter leicht unter trockenen Winden. Die kommen meist aus Osten. Vorteilhaft sind daher geschützte Lagen. Bevorzugt feuchte, humose, nahrhafte Böden. Gedeiht auch noch auf mäßig trockenen Sandböden.
Wuchs: Wird je nach Sorte ein bis drei Meter hoch. Auch die Winterhärte ist sortenabhängig.

Taxus baccata
Eibe
Von allen immergrünen Nadelgehölzen läßt sie sich am besten in Form schneiden. Allerdings wächst sie schneller als Buchs und läßt sich daher besser zu strukturierenden Elementen im Garten einsetzen wie Kegel, Pyramiden, Kugeln, Säulen und natürlich Hecken. Fast alle Pflanzenteile sind sehr giftig.
Standort: Verträgt Sonne und Halbschatten. Liebt frische, nährstoffreiche Böden. Saure Moorböden sind ungünstig.
Wuchs und Sorten: Sie erreicht Höhen von 5 bis 15 Metern, wenn die Pflanze sich frei entwickeln kann. Der jährliche Zuwachs beträgt etwa 25 Zentimeter. Es gibt diverse Sorten mit unterschiedlichen Wuchsformen. 'Fastigiata' (säulenförmig, schwarzgrüne Nadeln, fünf bis sieben Meter hoch), 'Fastigiata Aureomarginata' (säulenförmig, dunkelgrüne Nadeln mit gelbem Rand, drei bis fünf Meter hoch), 'Semperaurea' (breit aufrecht, goldgelbe Nadeln, zwei bis drei Meter hoch), *Taxus* x *media* 'Hillii' (breit kegelförmig, hellgrüne Nadeln, drei bis fünf Meter hoch, gut für Hecken geeignet).

Stauden und Gräser

Acanthus hungaricus
Bärenklau
Nach den Blättern des Bärenklaus bildeten griechische Bildhauer in der Antike Ornamente aus Stein, die als korinthisches Säulenkapitell berühmt wurden. Die Mittelmeerpflanze ist in unseren Breiten winterhart, wenn sie den richtigen Standort bekommt. Sie sorgt für ein mediterranes Flair.
Blüte: Reichblühend von Juli bis August in Weiß und Rosa.
Standort: Wichtig sind durchlässige, nährstoffreiche Böden in sonniger bis halbschattiger Lage. Stauende Nässe über Winter überstehen sie meist nicht. In den ersten Jahren ist ohnehin Winterschutz aus Tannenreisern oder Laub ratsam.
Wuchs: Wird etwa 80 Zentimeter hoch. Die Blätter sind im Gegensatz zum ebenfalls sehr schönen Stacheligen Bärenklau (*Acanthus spinosus*) dornenlos.

Bergenia cordifolia
Bergenie
Teils wird sie abfällig „Salat“ genannt. Andere sehen in ihr einen der schönsten Bodendecker. Unstreitig sind Bergenien robuste und mit ihrem ledrigen, sattgrünen Laub dekorative Blattschmuckpflanzen. Allerdings muß man die richtigen Sorten wählen, um sie wirklich würdigen zu können.
Blüte: Im April, je nach Sorte in Weiß, Rosa oder Rot.
Standort: Verträgt Sonne und Halbschatten, liebt guten Gartenboden, kommt aber auch in recht trockenen Verhältnissen noch zurecht.
Wuchs und Sorten: Breitet sich langsam aus. 'Admiral' (40 Zentimeter hoch, pupurrosa blühend, eine der besten Sorten), 'Eroica' (40 Zentimeter hoch, violettrot), 'Herbstblüte' (30 Zentimeter hoch, rosa, blüht im Herbst nach), 'Oeschberg' (50 Zentimeter hoch, frischrosa, sehr winterhart), 'Rosi Klose' (30 Zentimeter hoch, lachsrosa, reichblühend mit großen Blüten), 'Silberlicht' (40 Zentimeter hoch, weiß, leidet unter Kahlfrost).

Calamagrostis x *acutiflora* 'Karl Foerster'
Reitgras
Eines der schönsten Gräser, dessen straffe, aufrechte Halme eine feine gleichmäßige Struktur zeigen. Im Frühjahr nach dem Rückschnitt treibt es früh wieder aus. Mit Sommerbeginn entwickeln sich die Blütenrispen, die es bis ins nächste Jahr hinein schmücken.
Blüte: Gelbbraune Blütenrispen ab Juni.
Standort: Verträgt Sonne und Halbschatten. Kommt noch auf relativ trockenem Boden zurecht. Zurückhaltend düngen, sonst knicken die Halme bei starken Regenfällen leichter um.
Wuchs: Der in sich geschlossene Horst breitet sich nur langsam aus. Wird 140 bis 170 Zentimeter hoch.

Euphorbia amygdaloides 'Purpurea'
Mandelblättrige Wolfsmilch
Immergrüne Stauden mit ausdrucksvollem Laubschopf, deren Blätter sich über Winter intensiv purpurrot verfärben. Die Pflanzen führen einen weißen Milchsaft, der auf der Haut vor allem im Zusammenspiel mit Sonnenlicht zu einem brennenden Ausschlag führen kann.
Blüte: Die gelbgrünen Blüten erscheinen im April und halten etwa bis Juni.
Standort: Verträgt Sonne und Halbschatten. Braucht frische, durchlässige Böden, die gerne etwas Kalk enthalten dürfen.
Wuchs: Wird zu einem lockeren, strauchartigen Gebilde von 40 Zentimeter Höhe.

Festuca mairei
Atlasschwingel
Ein anspruchsloses Solitärgras, das mit seinen graugrünen, kompakten Horsten und schlanken Rispen vor allem gut in steppenartige Pflanzungen mit Sommersalbei und Schafgarbe paßt. In diesem Meer aus Farben setzt es schöne Ruhepunkte.
Blüte: Bildet schon ab Juli graugrüne Rispen.
Standort: Braucht volle Sonne. Kommt am besten in durchlässigen, etwas nahrhaften Böden zurecht. Verträgt Trockenheit.
Wuchs: Wird ohne Rispen etwa 60 Zentimeter hoch.

Geranium phaeum 'Samobor'
Storchschnabel
Von den vielen empfehlenswerten Storchschnabelarten hat diese wohl das schönste Laub: Große sattgrüne Blätter mit einer dunkelbraunen, ringförmigen Zeichnung darin. Sie erscheinen schon früh im Jahr.
Blüte: Die weinroten, kleinen Blüten erscheinen von Mai bis Juni. Sie sollten nach dem Verblühen zurückgeschnitten werden, da die Pflanzen sich sonst versamen.
Standort: Am besten ist lichter Schatten. Im tiefen Schatten geht die Blattzeichnung verloren. Der Boden darf nicht zu trocken sein.
Wuchs: Es bilden sich hübsche, 40 Zentimeter hohe, kugelförmige Horste.

Helleborus
Christrose
Sie gehört zu den schönsten frühblühenden Stauden. Ihr ledrig dunkelgrünes Laub, das auch über Winter erhalten bleibt, macht sie auch den Rest des Jahres zu einem attraktiven Gewächs für Schattenpartien. Sie ist sehr langlebig. Die ganze Pflanze ist jedoch giftig.
Blüte: Je nach Art schon ab Mitte Dezember in Creme-, Rosa- und Righttönen.
Standort: Bevorzugt schattige und halbschattige Ecken. Will daher eine kühle Atmosphäre und einen feuchten, humosen Boden, der gerne kalkhaltig sein darf. Auf jeden Fall jedoch Staunässe vermeiden. Möglichst nicht mehr umpflanzen.
Wuchs und Arten/Sorten: Bildet mit den Jahren hübsche kleine Büsche. *Helleborus niger* (blüht am frühesten, weiß, 25 Zentimeter hoch), *Helleborus Orientalis-Hybriden* (Lenzrose: von ihr gibt es diverse Sorten in verschiedenen Farben, 30 bis 40 Zentimeter hoch).

Hosta
Funkie
Sie hat sich zum Star unter den Blattschmuckgewächsen gemausert. Ihre kräftigen Büschel dekorativ gemusterter Blätter setzen im Garten angenehm ruhige Akzente. Die Züchtung neuer Sorten läuft auf Hochtouren, was den großen Zuspruch, den diese hübsche Pflanze erfährt, nur bestätigt.
Blüte: Je nach Sorte weiß, violettblau oder purpurviolett, ab Ende Juni.
Standort: Typische Schattenpflanze, die es feucht und kühl liebt. Je sonniger sie steht, desto besser sollte sie mit Feuchtigkeit aus dem Boden versorgt sein.
Wuchs und Sorten: Bildet regelmäßige Horste. Viele schöne Arten und Sorten wie die Blaublatt-Funkie *Hosta sieboldiana* 'Elegans' (50 Zentimeter hoch, helllila, blaugraue, große Blätter), Gelbrand-Funkie *Hosta fortunei* 'Aureo-Marginata' (40 Zentimeter hoch, violette Blüten, grüne Blätter mit gelbem Rand), Schneefederfunkie *Hosta undulata* 'Univittata' (30 Zentimeter hoch, hellviolette Blüten, schmale gewellte Blätter mit weißem Mittelfeld).

Lavandula angustifolia
Lavendel
Der duftende Halbstrauch repräsentiert das leichte Lebensgefühl der Provence. Am schönsten sieht er aus, wenn er mit seinen violetten Blüten in langen Reihen Wege und Beete säumt. Damit die Pflanzen kompakt bleiben, schneidet man sie im Frühjahr etwas zurück.
Blüte: Ab Juli in den unterschiedlichsten Violettönen.
Standort: Will volle Sonne und einen durchlässigen, mäßig nährstoffreichen Boden.
Wuchs und Sorten: Wird zu einem rundlichen kleinen Strauch. 'Dwarf Blue' (30 Zentimeter hoch, dunkelviolett, eignet sich perfekt für Einfassungen), 'Hidcote Blue' (40 Zentimeter, dunkelste Sorte), 'Munstead' (40 Zentimeter hoch, blauviolett, frühblühend, schon ab Ende Juni), *Lavandula* x *intermedia* 'Fragrant Memories' (60 Zentimeter hoch, blau, stark duftend, etwas frostempfindlich), *Lavandula* x *intermedia* 'Grosso' (70 Zentimeter, blau, silberfarbenes Laub).

Ligularia dentata
Greiskraut
Eindrucksvolle Staude mit hübschen runden bis nierenförmigen Blättern, die den Boden großflächig bedecken. Sie braucht gut feuchte Böden, weil die Blätter sonst im Sommer schlapp herunterhängen.
Blüte: Ab Ende Juli erscheinen goldgelbe Korbblüten wie bei einer Sonnenblume.
Standort: Am besten halbschattig. Gedeiht auf allen feuchten, nährstoffreichen Böden, auch direkt am Wasser.
Wuchs und Sorten: Bildet buschige Horste. 'Desdemona' (120 Zentimeter hoch, orangegelbe Blüten, pupurrote Blätter), 'Othello' (120 Zentimeter hoch, dunkelorangefarbene Blüten, purpurbraune Blätter).

Matteuccia struthiopteris
Trichterfarn
Der stattliche Farn ist einfach unwiderstehlich, wenn er im Frühling seine frisch grünen Blattwedel entrollt und zu gleichmäßig geformten Trichtern aufrichtet. Auch über Winter sind die trockenen braunen Blattstände noch attraktiv, vor allem wenn Raureif an ihnen haftet.
Blüte: Keine.
Standort: Die heimische Waldpflanze liebt es halbschattig oder schattig. Der Boden sollte feucht und gut mit Humus versorgt sein.
Wuchs: Breitet sich allmählich durch Ausläufer aus. Die Pflanze braucht also Platz oder muß hin und wieder in ihrem Ausbreitungsdrang gebremst werden. Wird 80 bis 120 Zentimeter hoch. Der Japanische Straußfarn (*Matteuccia orientalis*) bildet dagegen keine Ausläufer. Er erreicht eine Höhe von 40 bis 80 Zentimetern und braucht eine Laubdecke als Winterschutz.

Miscanthus sinensis
Chinaschilf
Ist wohl das imposanteste Gras, mit dem sich die besten Effekte erzielen lassen. Das verdankt es seinem kompakten Wuchs und den vielen schönen Sorten, die es schon hervorgebracht hat. Da es teils mannshoch wird, verschwinden im Spätsommer Teile des Gartens hinter seinen transparenten Halmen.
Blüte: Die Blütenrispen erscheinen ab September und changieren je nach Sorte zwischen silberweiß und braunrot.
Standort: Sollte sonnig sein. Geeignet für alle nährstoffreichen, nicht zu trockenen Böden.
Wuchs und Sorten: Bildet große Horste. 'Gracillimus' (150 Zentimeter hoch, straffe aufrechte Halme, sehr graphisch, meist ohne Blüte), 'Kleine Silberspinne' (120 Zentimeter hoch, silberne Blüte), 'Malepartus' (180 Zentimeter hoch, silbrig-rot), 'Silberfeder' (200 Zentimeter hoch, silbrigweiß).

Impressum

Die Deutsche Bibliothek –
CIP-Einheitsaufnahme

Gärten gestalten – Gärten genießen / Jürgen Becker (Fotos). Michael Breckwoldt (Text). – Hamburg :
Ellert & Richter, 2002
ISBN 3-8319-0088-4

Text: Michael Breckwoldt, Hamburg

Gestaltung:
Büro Brückner + Partner, Bremen

Satz: KCS GmbH,
Buchholz/Hamburg

Lithographie:
Lithographische Werkstätten Kiel, J & A Ratjen

Druck: Girzig + Gottschalk, Bremen

Bindung: Buchbinderei
S. R. Büge GmbH, Celle

alle Fotos:
Jürgen Becker, Hilden
außer: S. 17, 20, 132 o. li., 133 Mitte, 134 li., 135 re., 136 2. Foto von li., 137 li.
(Michael Breckwoldt)

Panicum virgatum
Ruten-Hirse
Stammt aus den Grasprärien Amerikas. Paßt daher gut zu den Staudenarten der neuen Welt wie Phlox, Rudbeckien, Goldruten und Astern. Die schmalen Blätter und fein gegliederten Blütenstände bewegen sich leicht im Wind. Schöne, bereits im Spätsommer beginnende Rotfärbung der Blätter.
Blüte: Feine schleierförmige Blütenstände, die sich ab August zeigen.
Standort: Möchte einen mäßig trockenen bis feuchten Boden, der nicht zu nährstoffreich sein sollte, in voller Sonne.
Wuchs und Sorten: Treibt erst spät im Frühjahr aus. Bildet kompakte Horste. 'Rehbraun' (kupferfarbene Blätter, 110 Zentimeter hoch), 'Hänse Härms' (rote Herbstfärbung setzt früh ein, 110 Zentimeter hoch), 'Heavy Metal' (blaugrüne Blätter, 90 Zentimeter hoch), 'Strictum' (sehr standfest, 150 Zentimeter hoch).

Rodgersia podophylla
Schaublatt
Edle Waldstaude, deren hübsche, große Blätter schnell die Aufmerksamkeit auf sich ziehen. Es dauert allerdings etwa zwei bis drei Jahre, bis sie richtig eingewachsen ist. Von da an wird die Pflanze immer schöner.
Blüte: Erscheint im Juni/Juli in Weiß- oder Cremetönen.
Standort: Echtes Schattengewächs, das keine direkte Sonne verträgt. Liebt frische bis feuchte, nährstoffreiche Böden.
Wuchs und Sorten: Bildet Horste. 'Smaragd' (150 Zentimeter hoch, cremefarbene Blüten, frischgrünes Laub), 'Pagode' (100 Zentimeter hoch, weiße Blüten, bronzefarbener Blattaustrieb).

Anhang

Adressen der Gärten

Das Heckenkabinett:
Joachim, Lisa und
Insa Winkler
Klosterkielhof
Am Klosterkiel 51
27798 Hude
Tel. 04484/671
Unter dieser Adresse ist auch das Büro des Gartenarchitekten Joachim Winkler zu erreichen.

Natur als Skulptur:
Petra Neschkes
Forstwaldstr. 570
47804 Krefeld
Tel. 02151/397768
Der Garten ist jedes Jahr Ende April im Rahmen der Ausstellung „Gartenkunst in Ton" zu besichtigen.

Von Selbstversorgern zu Gartenkünstlern:
De Hagenhof
Marjan und Dik van Ingen
Duimeling 6
6687 LP Angeren
Tel. 0031/26/3254039

East meets West:
Arnoldshof
Frans und Inez Arnold
Woeziksestraat 473
6604 CE Wijchen
Tel. 0031/24/6417044
www.arnoldshof.nl – Die Internetseite enthält eine Kurzbeschreibung des Gartens, Öffnungszeiten und umfangreiche Pflanzenverzeichnisse

Ein Fest der grünen Phantasie:
Hildegard Caesar
Bozenerstr. 25
45701 Herten
Tel. 02366/53595

Blumenstück in drei Akten:
De Heerenhof
Jan van Opstal und
Jo Willems
Veldstraat 12a
6227 SZ Maastricht
Tel. 0031/43/4084800
www.heerenhof.nl – Hier finden Sie die Öffnungszeiten des Gartens.

Staudengärtnereien, die auch Pflanzen versenden

Arends Maubach
Monschaustr. 76
42369 Wuppertal/Ronsdorf
Tel. (0202) 464610
Fax (0202) 464957
Rund 2000 Arten und Sorten, Schwerpunkte: Prachtstauden, Schattenstauden, Spezialitäten aus England

Annemarie Eskuche
Am Söhnholz
29664 Ostenholz
Tel. (05167) 287
Fax (05167) 1271
eskuche@stauden-eskuche.de
www.stauden-eskuche.de
Rund 300 Arten und Sorten, Schwerpunkte: Bodendeckende Stauden und Schattenstauden, insbesondere Anemone, Epimedium, Geranium, Bergenia

Dieter Gaißmayer
Jungviehweide 3
89257 Illertissen
Tel. (07303) 258
Fax (07303) 42181
info@staudengaissmayer.de
www.staudengaissmayer.de.
Rund 3000 Arten und Sorten, Schwerpunkte: Duft- und Aromapflanzen, Stauden für ländliche Gärten, Phloxe

Heinz Klose
Rosenstr. 10
34253 Lohfelden
Tel. (0561) 515555
Fax (0561) 515120
staudengaertner.Klose@t-online.de
Rund 4000 Arten und Sorten, Schwerpunkte: Paeonien, Hosta, Delphinium

Ernst Pagels
Deichstr. 4
26789 Leer
Tel. (0491) 3218
Fax (0491) 62516
Pagels-Leer@t-online.de
Rund 1500 Arten und Sorten, Schwerpunkte: Schattenstauden, Miscanthus.

Jürgen Peters
Auf dem Flidd 20
25436 Uetersen
Tel. (04122) 3312
Fax (04122) 48639
alpine.peters@t-online.de
www.Alpine-Peters.de
Rund 2500 Arten und Sorten, Schwerpunkte: Alpine, Gentiana, Hepatica, Campanula

Rühlemanns
Auf dem Berg 166
27367 Horstedt
Tel. (04288) 928558
Fax (04288) 928559
info@ruehlemanns.de
www.ruehlemanns.de
Schwerpunkte: Kräuter und Duftpflanzen.

Gräfin von Zeppelin
79295 Laufen
Tel. (07634) 69716
Fax (07634) 6599
info@staudengaertnerei.com
www.graefin-v-zeppelin.com
Rund 4000 Arten und Sorten, Schwerpunkte: Iris, Papaver, Paeonia.

Baumschulen

Bruns-Pflanzen-Export GmbH
Johann-Bruns-Allee 1
26160 Bad Zwischenahn
Tel. (04403) 601-0
Fax (04403) 601135
bruns@bruns-pflanzen.de
www.bruns.de

Lorenz von Ehren
Maldfeldstr. 4
21077 Hamburg
Tel. (040) 76108-0
Fax (040) 76108-100
lve@lve.de
www.lve.de

Hachmann
Brunnenstr. 68
25355 Barmstedt
Tel. (04123) 2055
Fax (04123) 6626
www.hachman.de
Schwerpunkt:
Rhododendron

Andreas Huben
Schriesheimer Fußweg 7
68526 Ladenburg
Tel. (06203) 92800
Fax (06203) 928080
www.huben.de

Lappen
Herrenpfad 14
41334 Nettetal-Kaldenkirchen
Tel. (02157) 818-0
Fax (02157) 818-180
www.lappen.de

Wilhelm Ley
Baumschulenweg 20
53340 Meckenheim
Tel. (02225) 9144-0
Fax (02225) 914490
ley-baumschule@t-online.de
www.ley-baumschule.de

Wörlein GmbH
Baumschulweg 9
86911 Dießen/Ammersee
Tel. (08807) 92100
Fax (08807) 6050
info@woerlein.de
www.woerlein.de

Rosenschulen

Kalbus
Hagenhausener Hauptstr. 112
90518 Altdorf/Hagenhausen
Tel. (09187) 5729
Fax (09187) 5722
rosen@rosen-kalbus.de
www.rosen-kalbus.de
Schwerpunkt: Alte Rosen

W. Kordes' Söhne
25365 Klein Offenseth-Sparrieshoop
Tel. (04121) 4870-0
Fax (04121) 84745
kordes-rosen@t-online.de
www.gartenrosen.de

Rosarot
Besenbek 4b
25335 Raa-Besenbek
Tel. (04121) 423884
Fax (04121) 423885
hartung-rosen@t-online.de
www.bkn.de
Schwerpunkt: Versand von Rosen der Firma BKN Strobel

Rosenhof Schultheis
Bad Nauheimer Str. 3-7
61231 Bad Nauheim-Steinfurth
Tel. (06032) 81013
Fax (06032) 85890
Info@rosenhof-schultheis.de
www.rosenhof-schultheis.de
Schwerpunkt: Alte Rosen

Rosenwelt Tantau
Tornescher Weg 13
25436 Uetersen
Tel. (04122) 7084
Fax (04122) 7087
tantau@rosen-tantau.com
www.rosen-tantau.com.

Ruf
Zum Sauerbrunnen 35
61231 Bad Nauheim-Steinfurth
Tel. (06032) 81893
Fax (06032) 82375
Info@rosenschule-ruf.de
Schwerpunkt: Alte und moderne Rosen in Bioland-Qualität.

Danksagung

Der besondere Dank Jürgen Beckers gilt seiner Ehefrau Doris Schlaback-Becker für die kreative Beratung und moralische Unterstützung bei der langjährigen Arbeit an diesem Buch.
Michael Breckwoldt bedankt sich für die freundliche Unterstützung aller Gartenbesitzer, die zum Zustandekommen des Buches beigetragen haben. Insbesondere sind dies Inez und Frans Arnold, Hildegard Caesar, Marjan und Dik van Ingen, Petra Neschkes, Jan van Opstal, Jo Willems, Barbara Weisser, Lisa und Joachim Winkler, die sich viel Zeit genommen haben, Einblick in ihre teils sehr persönliche „Gartenbeziehung" gewährten und einer Veröffentlichung zugestimmt haben.

Fotograf, Textautor und Verlag danken zudem folgenden Gartenbesitzern, Gartengestaltern, Einrichtungen und Firmen für ihre Mitarbeit und Hilfe:

Avantgarden B: S. 112 o. li., 115, 118/119, 125 o. li., 120/121
Arnoldshof NL: S. 60 bis 69, 100
Boden BRD: S. 111
Botanischer Garten Uni Düsseldorf BRD: S. 103 o. li., 103 o. re.
Botvliet NL: S. 108
Barnsley House GBR: S. 119 o. re.
Berges BRD: S. 88/89, 90
Brinkhof NL: S. 96
Blanksma NL: S. 105
Caesar BRD: S. 71 bis 75
Cleen Lelie NL: S. 91, 133 2. Foto von li., 136 1. Foto von re.
Dünow BRD: S. 98
Deferme B: S. 99 o. re.
De Witte B: S. 107 u. re.
De Wit Hamer NL: S. 110, 125 o. re.
De Sy B: S. 122, 107 u.
De Heerenhof NL : Titel, S. 77 bis 83, 88 o. li., 95 o. re., 99 u. re., 133 1. Foto von li.
De Kempenhof NL: S. 102 o. re.
De Hagenhof NL: S. 51 bis 59, 135 1. Foto von li.
De Wiersse NL: S. 107 o.li . S. 118/119, S. 125 li. S. 134 2. Foto von li.
Groenewegen NL: S. 7
Grugapark Essen BRD: S. 99 o. li., 128 o. li., 128 Mitte
Goethehaus Weimar BRD: S. 20
Gamberaia Italien: S. 11, 12, 13
Greve NL: S. 92, 124
Haye NL: S. 133 2. Foto von re., 134 o. Mitte
Hestercombe GBR: S. 21
Hendriks-Müller NL: S. 95 u. re
Huis Bingerden NL: S. 114, 123 o. re.
Kasteel Wijlre NL: S. 107 o. li.
Lauxterman NL: S. 85 o. re.
Lucenz-Bender BRD: S. 109
Meyhof NL: S. 132 re.
Monet Frankreich: S. 23, 25
Meijers NL: S. 87
Müller BRD: S. 93
Neschkes BRD: S. 35 bis 41
Oudolf NL: S. 101, 128/129
Siegersma NL: S. 94/95
Sissinghurst GBR: S. 106 o. li.
Schoenmakers NL: S. 85 u. re.
Spiegelhalder BRD: S. 112/113
Ter Linden NL: S. 102 o. li.
Villandry F: S. 17
Van Weele NL: S. 106
Van den Branden NL: S. 117
Van Glabbeek B: S. 120 o. li.
Verstraeten: S. 130/131
Winkler BRD: S. 29 bis 33
Weisser BRD: S. 26/27, 43 bis 49
Zwaan NL: S. 85 o. li., 102 o. re., 107 o. re., 127, 136 2. Foto von re.

Literatur

Aepfler, Gertraud; Ahrendt, Dorothee: Goethes Gärten in Weimar. Edition Leipzig, 1997

Bödefeld, Gerda; Hinz, Berthold: Die Villen der Toscana und ihre Gärten. DuMont, Köln, 1991

Burckhardt, Jacob: Die Kultur der Renaissance in Italien. Alfred Kröner Verlag, Stuttgart, 1988

Buttler, Adrian von: Der Landschaftsgarten. Gartenkunst des Klassizismus und der Romantik. DuMont, Köln, 1989

Clémenceau, Georges: Claude Monet. Betrachtungen und Erinnerungen eines Freundes. Insel Verlag, Frankfurt am Main, 1989

Foerster, Karl: Der Steingarten der sieben Jahreszeiten. Neumann Verlag, Radebeul, 1993

Gerndt, Siegmar: Idealisierte Natur. Die literarische Kontroverse um den Landschaftsgarten des 18. und frühen 19. Jahrhunderts in Deutschland. J. B. Metzlersche Verlagsbuchhandlung, Stuttgart, 1981

Gothein, Marie Luise: Geschichte der Gartenkunst. Eugen Diederichs Verlag, Jena, 1926

Hansen, Richard; Stahl, Friedrich: Die Stauden und ihre Lebensbereiche in Gärten und Grünanlagen. Verlag Eugen Ulmer, Stuttgart, 1987

Hansmann, Wilfried: Gartenkunst der Renaissance und des Barock. DuMont, Köln, 1988

Hennebo, Dieter: Gärten des Mittelalters. Artemis Verlag, München und Zürich, 1987

Hennig, Karl: Japanische Gartenkunst. DuMont, Köln, 1980

Hertle, Bernd; Kiermeier, Peter; Nickig, Marion: Gartenblumen. Gräfe und Unzer Verlag, München, 1993

Hirschfeld, Christian Cay Lorenz: Theorie der Gartenkunst. Reprint. Georg Olms Verlag, Hildesheim/New York, 1973

Hobhouse, Penelope: Meine schönsten Gärten. Ellert & Richter Verlag, Hamburg, 1998

Hobhouse, Penelope: Illustrierte Geschichte der Gartenpflanzen vom alten Ägypten bis heute. Scherz Verlag, Bern/München/Wien, 1999

Hobhouse, Penelope; Taylor, Patrick: Gärten in Europa. Verlag Eugen Ulmer, Stuttgart 1992

Küster, Bernd; Kuhbier, Anke; Teufel, Heinz: Monets Garten. Ellert & Richter Verlag, Hamburg, 1997

Lablaude, Pierre-André: Die Gärten von Versailles. Wernersche Verlagsgesellschaft, Worms am Rhein, 1995

Muthesius, Hermann: Das englische Haus. Ernst Wasmuth Verlag, Berlin, 1904

Oudolf, Piet: Neues Gartendesign mit Stauden und Gräsern. Verlag Eugen Ulmer, Stuttgart, 2000

Pfisterer, Jochen A.: Gehölzschnitt nach den Gesetzen der Natur. Verlag Eugen Ulmer, Stuttgart, 1999

Seymour, John: Der Traum vom Landleben und wie man ernst damit macht. Albert Müller Verlag, Rüschlikon-Zürich/Stuttgart/Wien, 1982

Strassel, Jürgen: Englische Gärten des 20. Jahrhunderts. Eine Einladung zum Besuch. DuMont, Köln, 1991

Toomey, Mary: Clematis. Augustus-Verlag, Augsburg, 2000

Warda, Hans-Dieter: Das große Buch der Garten- und Landschaftsgehölze. Bruns-Verlag, Westerstede, 2001

Register